끔찍해서
오늘도
달립니다

끔찍해서
오늘도
달립니다

원윤식 지음

이야기가있는집

프롤로그

지금으로부터 20여 년 전 2002년 12월 30일

제 인생이 꽤 많이 바뀌는 사건이 있었습니다.

관상동맥 하나가 꽉 막혀 심장이 멎을 뻔했습니다. 심근경색이었습니다.

30대 초반에 흔치 않은 일이었습니다. 다행히도 젊어서 살아남았습니다.

살고 나니, 남들 사는 만큼은 살아야겠다는 욕심이 튀어나왔습니다.

하지만 그 당시 방탕했던 몸으로는 불가능해 보였습니다.

그래서 시작한 것이 달리기입니다.

저에게 달리기는 살기 위한 몸부림에서 시작되었습니다.

처음에는 동네 어귀를 달리는 수준이었습니다. 혼자 달렸습니다.

달리는 거리도 양도 미미한 수준이었습니다.

그래도 달리는 것은 멈추지 않았습니다.

그렇게 달리기는 삶의 일부가 되어가고 있었습니다.

그러다가 8년 전쯤 동네 마라톤클럽에 가입하면서
달리는 인생이 확 바뀌었습니다. 달리기 위해 달리기 시작했습니다.
42.195킬로미터를 넘어섰습니다.
울트라라는 새로운 달리기 세상이 열렸습니다.
금단의 영역에 들어섰더니 돌아올 수가 없었습니다.
그렇게 저는 달리기에 미친놈이 되어가고 있었습니다.

돌아보니 달리기는 인생이 되어 버렸습니다. 매일 달리지 않으면 안 되는
이상한 몸으로 바뀌었습니다. 그래서 죽을 때까지 달리기로 했습니다.
죽기 전에 매뛰남(매일 뛰는 남자)의 달리는 이야기를 여기 내어놓습니다.

자, 같이 달리시죠!

그래서 오늘도 달립니다

인생, 달립니다 _____

그래서

왜

달리냐면

그래서
왜 뛰냐면?

도대체 왜?

그게 가능하냐?

제시카 트레이시의 책《프라이드》를 보면 세계적인 울트라 마라토너인

'딘 카르나제스Dean karnazes'의 이야기가 나옵니다.

딘이 한 번에 150킬로미터를 뛴다고 말할 때마다 사람들은

어김없이 이 두 가지 질문을 했다고 합니다.

전도유망한 사업가의 길을 걷던 딘은 내면의 공허함과 인생에서 무언가

빠져 있다는 것을 느끼게 되면서 달리기 시작했습니다.

그는 지금까지 살아오면서 스스로가 가장 자랑스러웠던 때는

'순전히 혼자 힘으로 육체적으로 고통스러운 무엇인가를

해냈던 순간'이었다고 합니다.

무엇이 그를 그토록 달리게 만들었을까요?

가벼운 차림으로 음악을 들으며 달리기에 나섰습니다.

천천히 달리니 숨도 편안합니다.

15킬로미터까지 거뜬합니다.

그 이후 21킬로미터까지 조금 힘들었지만 대수롭지 않습니다.

남들이 알아주건 말건 달리는 저에 대한 부심이 차오릅니다.

뛰기를 잘했고

계속 죽을 때까지 뛰겠다고 마음에 적습니다.

뛰어야 할 이유가 있다면?

그 까닭이 사라지면 달리지 말아야 하나요?

그래서 뛰는 데는 이유를 달지 말아야겠습니다.

그냥 냅다 뛰는 거지요!

뛰는 동안

휴가입니다. 여유를 부려봅니다. 처음 가보는 길입니다.

이 동네 오래 산 것 같은데 안 가본 길이 아직 있습니다.

Door to Door(출발점에서 도착점까지) 10킬로미터 딱 떨어지는 길이

아니라서 평일 달리기에는 맞지 않습니다.

일부 구간을 잘라서 10킬로미터 언저리로 맞춰봐야겠습니다.

휴일에 뛰기 좋을 것 같습니다.

땀은 비 오듯 한데 힘은 덜 듭니다.

새 길을 개척하느라 정신이 팔려서입니다. 그러고 보니 뇌가 생각하고

느끼는 순간 용량은 한계가 있어 보입니다. 힘들고 괴로울 때 딴짓을 하면

그 시절을 넘길 수 있다는 것을 임상으로 배웁니다.

걱정은 달려도 사라지지 않습니다.

다만, 뛰는 동안에는 그 크기가 확실히 줄어들어 있습니다.

멈추면 원상태가 될지라도 달리는 것이 좋습니다.

시간은 가니까요!

냉정과
열정 사이

열정과 냉정 사이엔 일상이 있습니다.

팬데믹 시절에도 그전에도 각종 마라톤이며 트레일 런 대회를
섭렵했습니다. 대회가 드문거렸던 코로나 시즌에 갈증을 못 참아
나 홀로 화대종주나 청광, 불수사도북을 들락거렸습니다.

그런데 말입니다!

앤데믹으로 각종 대회들이 부활했음에도 도통 관심이 가지 않습니다.

그렇다고 달리기를 멈춘 것도 아닙니다.

매일 달리니까요.

열정이 사라졌는데 냉정해지지는 않았습니다.

매일매일이라는 일상이 자리 잡았습니다.

멀리 높이 달리고 싶은데 막상 일상 탈출이 쉬이 이뤄지지 않습니다.

여하튼 요즘은 그렇습니다. 참 제 마음을 잘 모르겠습니다.

이게
뭐라고!

달리다 보면 가끔 앞지르기도 하고 추월을 당하기도 합니다.

모두 살짝 긴장되는 순간입니다.

그 찰나에 자세를 바로잡고 호흡도 고릅니다.

특히 피지컬이 뛰어나신 여성분일 때는 좀 떨립니다.

저만 그런가요?

오늘은 당했습니다.

빠르게 앞지르는 굿 피지컬의 젊은 남성 러너였습니다.

긴장감 속에서 보내고 나니 괜한 경쟁심이 발동해서 막 달렸습니다.

그래도 그분과의 거리는 요원했습니다.

러닝을 거의 마칠 시점에 저 멀리 노년의 러너 님이 달리고 계셨습니다.

있는 힘껏 달려 앞지르기를 감행했습니다.

일대일, 이게 뭐라고!

왜 하필 달리기냐고요?

조기 축구회는 운동신경이 젬병이라 그렇다 쳐요.

그런데 왜 자전거와 수영을 멀리하셨대요?

물과의 진한 스킨십을 느낄 수 있는 수영, 좋지 않아요?

속도감에 날아갈 것 같은 자전거는 어떻고요.

왜 하필이면 지루하기 짝이 없는 달리기냐고요? 말씀 좀 해보세요.

왜, 왜?

처음에는 가난해서 그랬다. 가난이 몸에 배기도 했고.

그런데 달리다 보니 미쳐버렸다. 뛰다 미치니 멈출 수가 없었다.

미친 날 용서하지 마라, 달리다 죽는 날까지 절대.

〈우리들의 블루스〉가 끝났습니다.

죽은 옥동을 끌어안고 서럽게 울던 동석을 보고 저도 그만 펑펑 울었습니다.

엄마한테 전화 드려야겠네요. ^^

뛰는 길
모두 내 거!

어제 저녁 반주로 막걸리 한 잔을 걸쳤습니다.

책을 보는데 잠이 쏟아져 그만 9시 전에 곯아떨어졌습니다.

새벽 1시에 눈이 번쩍!

잠을 이어가려 두어 시간을 뒤척이다 손절했습니다.

4시도 전에 나섰더니 아직 오밤중이고 가로등 기세가 등등합니다.

사람이 없습니다.

본의 아니게 길 전부를 전세 내버렸습니다.

이 길 다 내 거?

아쉬움이 남는 아침잠을 달래며 달렸습니다.

하고 후회하는 것과
그렇지 않은 것

운동(달리기, 걷기, 등산 등)과 공부(책 읽기, 어학 등)는 과해도

크게 지나치는 법이 없습니다.

하지만 세상에 과유불급은 천지 빛깔입니다.

과식 과음 과도한 영상 시청(유튜브, TV 등) 등등은

늘 어떤 형태로든 후회를 남깁니다.

하지만 달콤한 걸 어떡해요?

시간을 쓰며 노력하는 건 늘 고통스럽네요.

No pain, no gain!

삶이 참 신산스럽습니다.

열정은 사라지지 않는다,
다만 이동할 뿐이다!

"사랑과 정열(열정)을 그대에게!"

언제부터인가 달리는 열정이 하드코어 울트라에서 매일 뛰는 루틴으로

바뀌었습니다. 매일 지루하지만 꾸준한 습관이 우선일까요?

아니면 극한의 고통 속에서 카타르시스를 느끼며

스트레스를 날려버리는 울트라 러닝이 좋을까요?

무엇을 우로 또 열로 하기 애매합니다.

그때그때 시절, 인연에 맞게 취하면 그뿐입니다.

열정이 가는 데로요. 사람은 죽기 전까지 열정을 간직하고 있다고 봅니다.

다만, 이 열정이 이것에서 저곳으로 옮겨간다는 것입니다.

이때 우리는 시쳇말로 열정이 식었느니 죽었느니 합니다.

이런 말이 들릴 때 그놈의 열정이 어디로 튀었는지 가만히 살펴볼 일입니다.

여러분의 열정은 어디에 머물고 있습니까?

달리기와 러너스 하이

사람들을 만나 이야길 하다가 달리기 주제로 넘어갈 때 많은 사람이 묻습니다. '러너스 하이'를 경험해봤냐고.

러너스 하이

30분 이상 뛰었을 때 밀려오는 행복감. 헤로인이나 모르핀을 투약했을 때 나타나는 의식 상태나 행복감과 비슷하다. 다리와 팔이 가벼워지고 리듬 감이 생기며 피로가 사라지면서 새로운 힘이 생긴다(출처: 네이버 국어사전).

여기에 관여된 호르몬이 도파민이라는 말도 있었으나 최근 연구 결과는 모르핀과 같은 진통 효과를 가지는 '엔도르핀'이라고 합니다. 그런데 말입니다! 도대체 20여 년을 달린 저에게는 '러너스'가 왜 '하이루'를 안 외치냔 말입니다! 무수한 러닝 속에서 카타르시스는 없었고, 셀 수 없는 고통만이 난무했습니다. 그럼 왜 달리냐고요? 안 달리면 끔찍해져서 달립니다.
러너스 하이를 느끼는 분들 복 받으신 겁니다.

러너의 숙명

요 머칠 허리가 별롭니다.

달리다 보면 뜨끔거립니다.

전에도 가끔 이러다 말았기에 그냥 살살 달래며 뜁니다.

오늘은 중거리입니다.

허리가 받쳐주지 않으니 속도도 안 납니다. 달리는 건 당연히 힘듭니다.

그래도 밟으니 그럭저럭 뛸 만합니다.

이게 문제입니다.

애매한 거!

차라리 몸져 누우면 확실한데, 이도 저도 아니니 그냥 참고 냅다 뜁니다.

그러다 큰일 치르는 줄 뻔히 알면서 그래도 달립니다.

러너의 숙명입니다!

달리다가
걷기를 이야기하다

뛰다가 마주한 걷기 예찬 간판

시선을 10~15미터 앞을 향하고, 코로 숨을 들이 마시고 입으로 내쉬고(잉?)

턱은 가슴 쪽으로 당기고, 손은 계란을 쥔 듯이

보폭은 자기 키 빼기 100센티미터

상체는 5도 앞으로 기울이고, 팔은 LV(루이뷔똥)

몸은 곧게 세우고, 어깨와 가슴은 펴고(상체를 기울이면서, 몸을 세우라니?),

다리는 11자로 걷기, 발은 뒤꿈치 ⇨ 발바닥 ⇨ 발가락 순으로….

많이 걸으면 심장병 뇌졸중 고혈압 당뇨 암 우울증 치매 등이 예방되며

체중이 조절되고 잠이 잘 온다고 합니다!

많이 걷고 많이 뛰면 만복이 옵니다.

그날 일용할 양식은
그날 벌어야 합니다

하루 뛰어 하루밖에 못 씁니다.

좀 달리신 분들은 '얘가 뭔 이야기를 하는지' 아실 겁니다.

하루 100킬로미터를 뛰고 나머지 9일을 안 뛰면 하루 평균 10킬로미터?

이런 산식은 달리기 필드에선 존재하지 않습니다.

안 뛰면 내공손실은 바로 시작됩니다.

인생 못지않게 달생도 각박합니다. 애초에 하루 저축만 가능하게끔
생긴 터라 매일 달려야 합니다. 그날 일용할 양식은 그날 벌어야 합니다.

날로 먹는 달생은 없습니다. 달림의 세계에 입문한 분들은 이를 담담하게
운명으로 받아들여야 합니다!

준비되셨습니까?

가즈아!

그냥 냅다
뛰십시오!

늘 달리던 그 길이 아닙니다.

익숙지가 않습니다.

그래도 달립니다.

길을 선택하는 맛이 있습니다.

지루하지 않습니다.

하지만 조심해야 합니다.

사방을 경계하지 않으면 움직이는 것들과 강렬(?)하게 조우할 수 있습니다.

이상 낯선 곳을 달리는 방법을 말씀드렸습니다.

사기라고요?

그냥 냅다 뛰십시오!

멈추지 않는 러너

좋은 사람, 좋은 어른은 각자의 생각이 다를 수 있겠지만
어느 정도 공통의 분모를 낼 수 있을 듯합니다.
하지만 좋은 러너는 좀 막연해집니다.

잘 달린다면, 훌륭한 기록을 낸다면 좋은 러너일까요?!
물론 좋은 러너의 범주에 들겠지만
이것만으로는 의미를 다 담지 못하는 것 같습니다.

좋은 러너는?
멈추지 않은 러너다!

꾸준히 묵묵히 본투런Born to run하는 달림이가 좋은 러너라고 생각합니다.

달리기, 널 사랑하지 않아

달리기 널 사랑하지 않아!
너도 알고 있겠지만
매일 뛰면 좋지 않냐는 너의 이야기에
내 마음 동하지 않아.

널 사랑하지 않아.
하지만 뛰는 다른 이유는 없어.
건강해진다는 말도
해냈다는 말도
하고 싶지 않아.

그냥 뛰는 게 전부야.
그냥 습관인 거야.
이게 내 진심인 거야.
널 사랑하지 않아.

아침 러닝을 거르니

새벽같이 조찬 행사가 있습니다.

피하려고 했지만 먹고살려면 어쩔 수가 없었습니다.

그렇다고 러닝을 건너뛸 수도 없었습니다.

하여 점심시간을 이용해 7킬로미터 정도 달려줬습니다.

아침과 다른 것이 몸이 완전히 잠에서 깨어났다는 것이었습니다.

그러다 보니 달리기도 훨씬 수월했습니다.

컨디션이 좋다 보니 속도까지 붙었습니다.

하지만 곳곳이 빙판이라 가다 서다를 반복했습니다.

뛰기에 거추장스럽지 않은 주로가 아쉬웠습니다.

평소 당연하게 생각하고 그 고마움을 몰랐는데,

결핍되고 나니 소중함을 알게 되었습니다.

악착같이 달려야 할 때

마라톤 클럽에 띠동갑 선배분이 계십니다.

건각이시죠!

어느 하루는 이분이 "자네 올해 얼마나 되나?"라고 묻는 것이었습니다.

그러면서 "그 나이 때 많이 뛰어둬라"고 하셨습니다.

참 상투적인 라떼스러운 말이었습니다.

하지만 곰곰히 생각해보니 허투루 흘릴 것이 아니었습니다.

지나가는 세월을 아쉬워할 게 아니라, 지금 여기 당장 뛰어야겠습니다.

그것도 악착같이 말입니다!

뭣이 중헌디?

오늘은 다른 길을 달렸습니다. 이유는 '그냥'입니다.

거리를 쉽게 보려고 가민GARMIN을 데리고 왔습니다.

킬로미터당 6분 전후가 찍히고 있었습니다.

중반을 넘어 6킬로미터 지점에서 무려 '4분 18초'

어… 하하!

가민 바보!

킬로미터에 4분 청년대를 작년 이맘때 달려봤습니다.

그리고는 6분 중년!

빨리 달리는 게 중요한가요?

멀리 달리는 게 중요한가요?

빨리 멀리? 느리고 오래?

뭣이 중헌디?

몰입, 디테일과
지속, 끈기

어제 아는 형님을 만났습니다.

그런데 이분 골프내공이 장난이 아닙니다.

아마골프 평생하기 어렵다는 홀인원을 벌써 두번이나 했고,

고난이도 트리플 버디에 이글에….

골프에서 이루고 싶은 것은 다 했다고 합니다.

이야기를 들어보니 이 형님의 이런 성과의 배경에는

몰입과 디테일의 힘이 있었습니다.

달림이 중에 1분 1초를 줄이기 위해

혼신의 힘을 다하는 분들이 왕왕 있습니다.

근육, 식단, 러닝화, 러닝복, 테이핑 등등에서 미세한 차이를 못견디 합니다.

제 사주팔자에 몰입과 디테일은 없는 것 같습니다.

대신 지속과 끈기가 저를 둘러싼 음양오행의 주성분인 듯합니다.

영어로 표현하자면 'Endurance'가 적당해 보입니다.

뭐가 인생을 살아가는 데 더 중요하다고 볼 수는 없습니다.

저 같은 부류는 평생 홀인원도, 서브3도 힘듭니다.

하지만 평생 달리기를 할 수 있습니다!

뛰다 죽자!

스트레스,
'아, 몰랑!'

얼마 전 달리면 고민거리가 확실히 줄어든다는 이야기를 한 적이 있습니다.

그건 달릴 때 몸이 힘들어 걱정할 겨를이 많지 않기 때문이라고 했습니다.

달리기를 멈추면 잠시 집 나갔던 근심이 다시 돌아오는데,

시간은 그만큼 가니 그 양은 줄어들었을 것입니다.

그래서 달리는 것이 좋다고 했습니다.

그런데 제 말은 반은 맞고 반은 틀립니다.

달리기를 하는 동안에 스트레스 호르몬인 '코르티솔' 수치가 올라갑니다.

근육에 더 많은 산소와 에너지가 필요하기 때문입니다.

몸의 정상적인 반응인 거죠.

달리기를 마무리하면, 코르티솔 수치는 달리기 전보다도

더 낮은 수치로 떨어진답니다.

규칙적으로 달리기를 하면, 코르티솔 상승 폭은 점점 줄어들고,

하락 폭은 더 커진다고 합니다(안데르스 한센, 《뇌는 달리고 싶다》, 반니, 2017).

그런데 운동이 아닌 다른 이유로 발생한 스트레스에 대해서도

코르티솔 수치 상승 폭이 점점 줄어든다는 것입니다.

운동이든 업무든 몸이 튼튼해질수록 스트레스 반응은 개선된다는 것이죠.

즉 달리기는 몸에 스트레스에 지나치게 반응하지 말라고

가르쳐주는 역할을 한다고 합니다.

오늘의 결론!

달리기는 스트레스를 '아~ 몰랑!' 합니다.

달리기에 필요한 다양한 근육 쌓기

달리기 전에 스트레칭을 구석구석 해줍니다.

달리고 나서도 필수입니다.

물론 전과 후의 스트레칭은 좀 다릅니다.

전이 잠에서 막 깨어난 근육에 일어나라고 하는 거라면,

후는 달리기로 늘어진 근육에 있는 힘껏 텐션을 주는 차원입니다.

둘 다 쭉쭉 늘리는 건 맞습니다.

달리고 난 후 상체 근육 운동을 해줍니다.

러닝에 뒷심은 상체 근육입니다.

팔굽혀펴기와 윗몸일으키기를 합니다.

그리고 요즘은 턱걸이에 입문했습니다.

턱걸이에 좀 더 집중해서 개수를 늘려야 하는데 쉬이 늘지 않습니다.

맨날 똑같습니다.

스트레칭 - 달리기 - 스트레칭 - 상체 근육 운동

패턴뿐만 아니라, 하는 동작도 똑같습니다.

이렇게 하면 안 됩니다.

패턴은 같을지라도, 동작은 자주 변화를 주라고 합니다.

제 말이 아니고 동호회 정형외과 의사샘의 이야기입니다.

안 쓰는 근육에도 자극을 줘야 한다고 합니다.

맞는 말 같습니다. 역시 권위가 주는….

조금씩 변화를 시도해봐야겠습니다.

하루 몇 킬로미터를 달려야 할까요?

은퇴하려면 얼마가 필요할까요?

다다익선이겠지만, 정답의 근사치는 '쓰기 나름'일 겁니다.

맞습니다.

달리기도 '하기 나름'입니다.

자기 몸에 맞게 마음 가는 대로 달리고 만족하면 장땡입니다.

그래도 숫자가 필요합니다.

런린이들에게는 절실한데, 고수한테는 고약한 질문입니다.

저는 고수도 아니고 해서 저의 뇌피셜로 한번 풀어보겠습니다.

하루 기준

3킬로미터 내외

: 10킬로미터 대회 두어 번 나간 게 전부인 런린이

5킬로미터 내외

: 10킬로미터 대회는 여러 번 나갔고, 하프도 한두 번 뛰어본 러너 초보

7킬로미터 내외

: 최소 풀을 한두 번 뛰었고, 내일이라도 당장 하프 정도는 뛸 수 있는 중급자

10킬로미터 이상

: 풀을 5회 이상 뛰었고 다른 트레일 런 대회 등을 섭렵한 고급자

20킬로미터 이상

: 미친… 고수, 존경합니다.

드우와 드우와

사는 게 팍팍합니다.

좋은 소식은 잘 안 들립니다. 이 또한 지나갈 텐데 견디기 어렵습니다.

햇살이 한창인 작년에 골프가 유행했습니다. MZ세대들도 즐기면서

골프장 부킹이 어려워지고, 골프웨어가 호황이었습니다.

올해는 사정이 안 좋아 다들 줄이고 아낍니다. 골프클럽이 중고시장에

매물로 많이 나왔다고 합니다.

일부 MZ세대들은 테니스로 돌렸다고 합니다. 테니스도 돈 많이 듭니다.

감히 제안합니다. 러닝으로 들어오세요! 돈이 거의 들지 않습니다.

산란한 마음을 다 잡는 데 최고입니다(힘들어서 딴 생각이 안 남).

뛰다 보면 암담한 현실도, 막막한 미래도 귀신처럼 가벼워집니다.

그러다 보면 추운 겨울이 가고

봄날의 햇살이 어느새 발밑에 와 있을 겁니다.

MZ 님들, 제 말을 믿으셔야 합니다!

나를 위한 러닝이 남을 위한다

이기적인 행동이 따져보면 이타적입니다.

나를 위한 달리기가 남을 위하게 됩니다.

아침 미션을 클리어하면 몸도 마음도 가뿐해집니다.

가족들에게 진심을 담아 사랑한다는 말을 건네게 됩니다.

다들 기분 좋은 아침을 시작합니다.

각자 흩어져서 긍정의 기운을 전파합니다.

이게 스노볼 효과가 됩니다.

글로벌 인구의 1퍼센트만 러너여도 푸틴이 전쟁을 안 일으켰을 겁니다.

호모사피엔스가 지구에서 살아남은 가장 큰 이유는 달렸기 때문입니다.

이기적인 행동이 이타적으로 변하고 결국 서로 협력했기 때문에

우세종이 되었습니다.

혼자만 살겠다고 뛰는 것이 다 같이 사는 마법이 됩니다!

우중런의 장단점

장점부터

시원합니다! 해방감!

갠지스강에 몸을 담그는 힌두교도들처럼

마음과 몸이 정화되는 느낌입니다.

꼬순내를 맡을 수 있습니다. 빗방울이 먼지를 자극하고 풀들을 흔들면서

기분 좋은 냄새가 올라옵니다. 테르펜 계열이라고들 하네요.

사람도 자전거도 드문 거려 나만의 전용길을 달리는 느낌입니다.

초록이 초록초록 다가옵니다. 명암이 깊어 원색이 더 도드라져 보입니다.

비가 터치하는 촉감 만족. 최대한 헐벗어야 느낌이 더해집니다.

누구는 '비의 애무'로 표현하더군요.

소리의 향연 - 다양한 빗소리, 풀들이 나뭇잎이 흔들리는 소리,

내 발 구르는 소리

단점까지

아내님의 잔소리가 들립니다.

"적당히 해라~ 옷도 신발도 당신이 빨아!"

산성비에 탈모?

정정 : 백만 번쯤 비를 맞아야 머리 몇 가닥 '헤어질 결심'을 하는 것이니

안심하십시오.

가끔 하수구의 역한 냄새를 맡을 수 있습니다.

"언놈이 흘러보내는겨?"

홍수를 만나면 무섭습니다.

이 세상과 '헤어질 결심'은 천천히 하셔도 됩니다.

인생을 경험하고 싶다면 마라톤을 하라!

"새는 날고, 물고기는 헤엄치고, 사람은 달린다"로 유명한 에밀 자토펙이 인생을 말합니다.

"우승을 원한다면 100미터 단거리를 뛰어라. 하지만 인생을 경험하고 싶다면 마라톤을 하라."

그동안 마라톤을 숱하게 뛰었습니다. 그것도 모자라 50킬로미터, 100킬로미터도 달렸습니다. 산도 뛰었습니다. 그런데 도대체 인생이 뭔지 모르겠습니다. 그래서 매일 평균 10킬로미터 이상을 달렸습니다.

그래도 모르겠습니다.

얼마나 더 달려야 인생을 알 수 있을까요? 자토펙이 뻥친 걸까요?

확실해진 건, 하루라도 안 뛰면 그날이 끔찍해지고 나아가 인생의 나사가 풀릴 것 같습니다. 걱정돼서 달립니다.

마라톤으로 경험한 인생은 '걱정'일까요?

Only don't know!

아마추어 러너가 마라톤을 말할 때 이야기할 것들

비온 뒤라 다 깨끗해 보입니다.

더운 날 맑고 시원한 샘물을 맛본 느낌입니다.

오늘은 어지간한 러너들은 다 아는 이야기를 해보겠습니다.

서브 3

골프로 치자면 싱글입니다.

마라톤 풀코스를 2시간 59분 59초 이내로 뛰는 달림이를 지칭합니다.

1킬로미터당 4분 30초 이내로 끊어야 합니다.

러너들 사이에서도 싱글이라고 부릅니다. 최고수 그룹입니다.

선망의 대상이죠.

타고난 사람만이 달성할 수 있는 기록입니다.

이들 사이에서도 250, 240등으로 갈립니다.

요즘에는 310 미만도 싱글로 쳐주기도 합니다.

330

3시간 29분 59초 내 뛰는 러너들입니다.

1킬로미터당 5분 이내로 달려야 달성할 수 있습니다.

쉽진 않지만 누구나 노력하면 가능합니다.

저도 했으니까요. 러너들 사이에선 "좀 뛰는 선수구먼~!"입니다.

골프로 치자면 80개 전후 정도로 가능해 보입니다.

여기서도 320, 310등으로 갈립니다.

2019년 jtbc에서 320에 도전했다가 퍼져서 겨우 완주했던 기억이 납니다.

서브 4

3시간 59분 59초 내 마라톤을 마치는 달림이입니다.

40대 기준 6개월, 50대 기준 1년여를 달려주면 가능하리라 봅니다.

누구나 할 수 있습니다.

골프 스코어로는 90개와 백돌이 사이의 어느 지점이라고 할 수 있습니다.

서브 5

러너들 사이에서는 잘 이야기가 안 나오는 기록입니다.

참가에, 완주에 의의를 두고 달리시는 분들이 많겠습니다.

그렇다고 평소 안 달려본 분들이 만만하게 볼 건 절대 아닙니다.

참, 5시간을 오버하면 인도에서 달려야 하는

굴욕(?)을 맛볼 수도 있겠습니다.

이 상황에는 힘든 게 우선이라 창피함도 없긴 합니다.

나 홀로 42.195킬로미터

러너 무라카미 하루키는 야구 경기를 보다가 문득 소설을 써야겠다고
했답니다. 저도 문득 풀코스를 뛰어야겠다고 생각했습니다.
자, 저와 함께 풀Full을 달려 보시죠.

아침 일찍(?) 한 6시 30분쯤 나섰습니다.
무리하지 말고 천천히 킬로미터당 6분 내외로 뛰자고 다짐합니다. 중간에
쉴 거 쉬고, 물도 찾아 마시고, 포토타임도 갖는 등 여유를 누려보자고 생각
합니다.

1~5킬로미터

컨디션 좋습니다. 어젯밤 소주 한 병을 비웠지만, 무리하지 않았고
달릴 만합니다. 속도도 킬로미터당 6분 30초 정도로 여유를 부려봅니다.

6~10킬로미터

매일 10킬로를 달리는 터라 이때까지 괜찮습니다. 맨날 달리던 길이라 익숙

하기도 합니다. 탄천 주로에 설치된 식수대에서 수분을 보충합니다.
물맛이 병맛(?)입니다.

11~20킬로미터

잘 달리지 않던 길입니다. 새로 만들어진 길로 잠시 알바를 합니다.
다시 주로로 돌아오지만 짜증 나지 않습니다. 아직 뛸 만하니까요.
18킬로미터쯤 왔습니다. 목이 마릅니다.
잠시 주로를 벗어나 편의점을 찾습니다.
강남 경찰서(문제를 일으킨 연옌들이 자주 출몰하는, 하지만 오늘은 없는)
근처에서 3다수 작은 놈을 클리어합니다.

드디어 한강! 찍고 턴!
20킬로미터쯤은 평소 주말에 달리는 거리라 여기까지는 괜찮습니다.
한강을 보니 기분이 조금 좋아집니다.

21~30킬로미터

물 보충도 했고, 한강도 실컷 봤고 이제 달리는 일만 남았는데, 덥습니다.

힘듭니다. 햇빛은 모자를 뚫고 정수리에 꽂힙니다.

얼마 뛰지 않았는데 목이 벌써 마릅니다.

허리도 아파지기 시작합니다. 아우 씨~!

28킬로미터 지점, 다리 밑에서 좌판이 열렸습니다.

사장님께 시원한 미숫가루 한 잔을 주문합니다. 설탕 듬뿍 추가!

천상의 맛입니다. 남은 얼음을 입 안 가득 머금고 달립니다.

힘듭니다.

31~40킬로미터

골전도 이어폰(애프터샥 : 내돈내산)에 의지해봅니다.

빠른 템포의 코요태 음악을 신청합니다. 힘이 납니다.

성남공항 옆 탄천길로 접어듭니다.

힘이 빠집니다. 끝이 안 보입니다. 그늘도 없습니다.

미숫가루 잔상은 이미 안드로메다로 가버렸습니다.

그냥 관성으로 나아갑니다.

허리는 아프고 발바닥은 화끈거립니다. 겨우 30킬로미터를 벗어났는데

몸이 그만 뛰고 싶다고 지랄합니다. 울트라 러너 맞아?

부끄럽습니다. 얼굴이 화끈거립니다. 좀 더 힘을 내봅니다.

목이 타들어가 다시 주로 식수대에서 물을 들이켭니다.

소독약 냄새가 훅 올라오는데 몸이 힘드니 별로 신경도 안 쓰입니다.

죽겠습니다.

오기로 달립니다. 욕도 합니다.

햇빛은 지랄맞습니다.

음악을 김건모로 바꿔봅니다.

'잘못된 만남'이 나오는데 오늘이 '잘못된 러닝'인가 싶습니다.

맨날 뛰는 익숙한 길로 접어들었는데도 하나도 안 반갑습니다.

어서 이 지랄 같은 러닝이 끝났으면 합니다.

41~42.195킬로미터

갑자기, 아니 당연히(?) 그분^{wall, 극한 상황}이 찾아옵니다. 온몸의 힘은 빠지고,

맥박은 급격히 치솟습니다. 그늘에 잠시 쉬고 싶은데 당장 없습니다.

짜증 가득!

살살 달래며 뜁니다.

그분이 올라오면 걷는 속도로 늦추고 다시 내려가면

속도를 올립니다. 빈도수가 잦습니다.

다 와갑니다. 편의점에….

42.20킬로미터를 찍고 막걸리를 삽니다.

오늘은 부끄러운 울트라 러너지만,

그래도 이 더운 날씨에 마라톤 풀을 뛰었습니다.

벅차오르진 않지만 완수했다는 작은 성취감으로

만족의 도장을 쾅 찍습니다!

추울 때 달리면 좋은 것들

추울 때 달리면 좋은 것들이 제법 됩니다.

일단 나오면 북남극 극점인데(특히 오늘은) 적도까지 뛰어갈 수 있습니다.
추운 데서 더운 데로 1시간 만에 이동 가능합니다.

적도 부근에서 쨍한 기분도 느낄 수 있습니다.
한낮 더위에 신나게 달리고 얼음냉수 한잔 할 때 그 기분,
비니를 홀러덩 벗어젖히면 머리가 쨍하고 찌릿한 느낌과 동률입니다.

황제 러닝이 가능합니다.
사람이 드문드문합니다. 추위에 몸 사리는 분들 많이 계십니다.

내면으로 집중이 잘됩니다.
꽁꽁 싸매고 나가니 들숨 날숨이 안으로 파고듭니다.
마음도 잘 살펴집니다.

부상 위험이 감소합니다?

어제 눈이 와서 곳곳이 빙판입니다.

발밑을 살피며 살살 뛰니 넘어질 위험이 더 줄어듭니다. (뭐래?)

이 모든 것을 다 무너뜨릴 강력한 놈이 있습니다.

춥다는 것 그 자체입니다.

뛰다가 사진 한 장 찍으려 장갑을 벗었다가 동상 걸리는 줄 알았습니다.

아우~ 추워!

뛰니까 뛰어진다!

트레일 런으로 몸이 묵직합니다.

허벅지 앞쪽의 대퇴직근, 외측광근, 내측광근이 뻐근합니다.

회복주에 나섰습니다. 킬로미터당 7~8분 이상 속도가 안 납니다.

10킬로미터만 달리자며 무거운 몸을 끌고 갑니다.

쉬엄쉬엄 가다 꽃 사진을 찍고 있는데 호명이 됩니다.

돌아보니 동호회 사람들입니다. 안 뛰고 뭐하냐길래 따라붙습니다.

속도가 킬로미터당 5분 10초!

엥?

뛰니까 뛰어집니다. 그렇게 하프를 달렸습니다.

몸은 휴식을 포기하고 결국 거들게 됩니다.

의지만큼 나아갑니다.

인생의 거리

초등학교 때 100미터를 달릴라치면 한참이 걸렸습니다.

나이 반백이 지나고 나서 100미터는 짧은 거리가 되었습니다.

마치 인생의 거리처럼요.

지리산 화엄사에서
대원사까지

지리산은 한국 사람들에게 사연이 많은 산입니다. 그래서 저에게도 남다르게 다가오는 것 같습니다. 뭐랄까 친근하면서도 신비롭습니다.

대회 준비

화대 종주 트레일 런은 러너들 사이에 험난(하드 코어)하기로 소문나 있습니다. 저는 두 번의 경험이 있습니다. 또 소울메이트인 '구름기운' 형님과 함께해서 설렁설렁 준비했습니다. 구름기운 형님이 느리기도 하거니와, 중간에 퍼질 수도 있다고 생각했습니다. 그럴 경우 종주를 중단하고 근처 하산길로 탈출도 염두에 뒀습니다. 그런데 엄청난 착각이었습니다.

화엄사와 노고단

새벽 2시에 산행버스에서 내립니다. 지리산 대표 고찰 화엄사입니다.
각황전을 뒤로 하고 노고단 방향으로 치닫습니다.
너무나도 까만 밤, 랜턴 불빛에 놀란 날벌레들에 눈앞이 어지럽습니다.

거친 숨소리와 터진 피부로 쏟아져 나오는 땀, 그리고 간간이 이어지는 수다가 지리산의 적막을 노크합니다. 어림도 없습니다. 지리산은 깊고 푸른 밤입니다.

노고단에 이르는 순간, 시장판입니다. 바로 밑 성삼재까지 차로 오르신 분들이 합류하는 지점이라 그렇습니다. '화엄사~노고단' 구간은 업힐이 계속이라 가장 힘들긴 하지만 버틸 만합니다. 첫 단계니까요. 물을 보충하고, 초코파이와 연양갱 등으로 간단히 요기합니다.

노고단~연하천

지리산 전 구간을 통틀어 가장 편안(?)합니다. 아직 체력이 초반이고, 첫 능선이기 때문입니다. 속도를 낼 수 있습니다.

느린(?) 구름기운 형님을 앞세우고 뛰는데, 따라가기 벅찹니다. 이건 뭐지? 이분이 종주를 위해 칼을 갈았답니다. 러닝은 기본이고 체중감량 및 채식 위주의 식사로 몸을 만들고 오셨습니다. 아놔!

연하천~벽소령

구간이 업다운이 있지만 아직까지는 괜찮습니다. 그런데 빠른 구름기운 형님을 쫓아가다가 사달이 나고 말았습니다. 발을 헛디뎌 바위에 철퍼덕하고 말았습니다. 뼈는 이상 없습니다. 무릎이 깨져 피가 납니다. 간단히 응급처치를 합니다. '아~ 저 냥반, 산삼이라도 삶아 묵었나?'

남 탓만 합니다. 야속한(?) '구름기운' 행님!

벽소령~세석

불평불만 시작입니다. '왜 왔지? 여긴 어디, 나는 누구?'

오르내리막이 많고 체력 저하가 시작됩니다. 뇌과학 용어 중에 '선택적 기억 상실Selective Forgetfulness'이라고 있습니다. 뇌가 선택해서 지난 일들은 지운다는 건데요. 예를 들면 '출산의 고통' 같은 겁니다. 생존과 진화의 산물입니다. 1만 년 전 사바나 시절, 힘들고 고통스럽게 영양을 사냥할 때 하기 싫은 생각이 들었을 겁니다. 하지만 그다음 날 '고통의 기억'은 잊어버리고 사냥에 나섭니다. 저처럼요. 내년에도 또 오지 싶습니다.

세석~장터목

길이 지랄 같습니다. 천왕님은 쉽게 알현을 허락하지 않습니다.

오르기 쉽지 않은 바위투성이에다가 플럭추에이션^{fluctuation}이 심합니다.

욕 나오는 구간입니다.

장터목~천왕봉

1.5킬로미터입니다만, 저에게는 15킬로미터입니다.

가도 가도 천왕산신은 보이질 않고 무성한 바위투성이가 앞길을 방해합니다. '살아서 천년 죽어서 천년' 고사목에 작은 위로를 받습니다.

그래도 죽겠습니다.

지나치는 지긋한 여사님 왈, "울트라 산악 마라톤하시는 거예요?"

"예… 그런데 보시다시피 걷고 있습니다."

웃으면서 '파이팅'을 외쳐주십니다.

천왕봉~대원사

가장 깁니다. 주차장까지 15킬로미터 정도 됩니다.

체력은 바닥인데 길은 길고, 내내 내리막도 아니어서 러너들 영혼을 터는 구
간입니다. 천왕봉에 몇 미터 차이로 왕을 내준 중봉이 앞길을 막아섭니다.
중봉산신의 심술에 약이 바짝 오릅니다. 그래도 한 발 한 발 꾸준히 하며 중
봉산신에게 "Say good-bye!"

치밭목 산장을 찍으니 이젠 정말 막바지!

유평마을 2킬로미터를 앞두니, 길어도 너~무 깁니다.

가도 가도 마을이 안 나타납니다.

갑자기 드러난 민가에 구름기운 형님과 '만세' 삼창을 외칩니다.

형님이 '인생종주'였다고 합니다. 저도 뿌듯합니다.

주민이 "내려오느라 고생했다!"는 덕담을 건넵니다.

대원사까지는 도로라 굴러도 갑니다.
비구니 사찰 대원사를 찍고
산행버스가 기다리는 주차장까지
뜁니다.
갑자기 소나기가 내립니다.
종주로 후끈 달아올랐던 몸뚱아리가
치~익거리며 식혀집니다.

기분 째집니다.

마무리가 환상입니다.
만세 삼창 원 모어 타임!
만세 만세 만만세!

몸을 들여다본다

몸이 찌뿌둥합니다.

마치 당이 떨어진 듯한 기분입니다.

어젯밤에 홀짝거리며 마신 와인 때문인지도 모르겠습니다.

으슬거려 평소보다 바람막이를 더 걸쳐 줍니다.

러닝 속도는 최대한 늦춰봅니다. 약 킬로미터당 7분 내외.

보폭은 짧게, 호흡은 천천히. 무리하지 않습니다.

몸을 살핍니다.

속도, 보폭은 안정적입니다.

몸 전체

영하지만, 바람막이가 추위를 막아줍니다. 껴입고 나오길 잘했습니다.

호흡

콧물이 자꾸 나와 규칙을 유지하기 어렵습니다. 수시로 풀어주는데 일부가

목으로 넘어가 또 뱉어줍니다. 카악~퉤! (으~ 드러!)

머리

비니가 보온을 유지합니다. 달릴수록 따뜻해집니다.

턱 선을 따라 찬바람에 시리긴 하지만 참을 만합니다.

어깨

왼쪽 어깨 끈이 삐거덕댔는데 금세 아무 일 없던 것이 되었습니다.

팔

움직임을 최소화해 에너지 효율을 높입니다.

허리~골반

주로를 잔잔히 미끄러져가는 느낌이라 무리가 없습니다.

허벅지~무릎~종아리

보폭이 아장거리고 있어 3형제가 편안합니다.

발목~발바닥

요 며칠 족저가 살짝 반항기가 있었는데, 오늘은 뭐 집안이 조용하니

애들도 가만히 있습니다.

3킬로미터를 넘어섰지만 평소 컨디션이 나오지 않습니다.

4.5킬로미터 지점에서 풍경을 카메라에 담는다는 핑계로 잠시 멈춰 쉽니다.

몸 전체를 빠르게 스캔합니다. 당 떨어진 기분은 여전합니다.

몸 전체에 자극을 줍니다. 서서히 가속을 합니다.

킬로미터당 7분에서 6분, 5분 30초, 5분. 컨디션이 올라오는 기분입니다.

당 부족은 사라졌는데 배가 아픈 건지 고픈 건지 모르겠습니다.

6킬로미터를 넘어서서 좀 걷습니다. 또 몸을 살핍니다.

체온이 갑자기 떨어지는 느낌이 옵니다. 급히 달리기 시작합니다.

계속 달립니다. 킬로미터당 평균 속도 6분 내외.

9킬로미터를 넘어서니 평소 컨디션의 85퍼센트까지 올라선 느낌입니다.

이 정도면 된 것 같습니다.

나머지 15퍼센트는 마무리 운동, 스트레칭 그리고 일상(밥 먹고 막걸리 마시고

책 읽고 차 마시고 멍 때리고 TV 보고 수다 떨고 등)으로 회복하면 됩니다.

어떤 이유인지 모르게 몸이 처질 때,

달리기로 변화를 주면 힐링이 됩니다.

술은 적이다!

'술은 적이니 다 먹어 없애버려야 한다!'라고 생각하고 달렸습니다.

깔끔히 소주 두 병 반을 비우고 집으로 향했으나
마수에 걸려 다시 맥주 오백 두 잔을 걸쳤습니다.
맥주를 마시지 말았어야 하는데….

아침을 열어젖히기 너무 어려웠습니다.
그렇다고 안 뛰면 끔찍해서 겨우 달렸습니다.
적당히 먹겠다고 다짐을 해봅니다.

술이냐, 달리기냐?
지금은 달리기입니다.

새벽 '과' 아침 사이

새벽과 아침 사이에는 '과'가 있습니다.

'과'는

7시 전후 플러스마이너스 30분입니다.

제가 달리는 동안입니다.

지난 밤을 밝힌 가로등이 물러나는 시간입니다.

눈이 태양에 익숙해지는 순간입니다.

친숙(?)한 사람들을 만나는 때입니다.

몰티즈와 함께 뛰는 중년 부인

탄천을 따라 출근을 하는 아낙네

늘 전화 통화를 하며 걷는 노년의 사내

평상복 차려입고 파워 워킹을 하는 젊은 처자

왼팔을 휘저으며 특유의 폼으로 뛰는 동년배의 중년 남자

오늘은 나의 '과' 속에 아내의 심부름이 들어 있습니다.

아침 러닝
3000킬로미터의 기록

2022년 1월 말부터 달리기를 기록해왔습니다.

매일 평균 10킬로미터를 달렸습니다. 대략 3,000킬로미터가 넘습니다.

서울 - 부산을 뛰어서 세 번이나 왕복한 거리입니다.

3,000킬로미터를 달리는 것은 어렵습니다.

한 번에 10킬로미터를 달리는 건 더 어렵습니다.

그것도 매일 달린다는 것은 힘듭니다. 그런데 매일 10킬로미터를 달리면서

단상들을 기록까지 하는 건 더 힘듭니다.

엊그제 탤런트 차인표 인터뷰를 우연히 봤습니다.

하기 싫은 게 운동이라고 합니다. 그래서 매일 아침 일찍

먼저 해치워버린다고 합니다. 그리고 소설을 썼답니다.

기를 쓰고 달리고 기록해왔습니다.

이제 서서히 강박스러운 아침 루틴의 김을 빼야겠습니다.

그동안 '매일 10킬로미터 & 기록'의 트랩에 갇혀 지낸 것 같습니다.

하여,

매일 운동을 하려 하되 피치 못할 사정은 봐준다.

아니, 애지간한 건 용인한다. 즉 건너뛴다.

한 번에 10킬로미터를 굳이 뛰려 하지 않는다.

다만 가급적 10킬로미터는 달려준다.

생각나는 일들을 끄적이되 없으면 기록증만 딸랑 올린다.

오래 달리려면 지치지 말아야 합니다.

강박의 트랩은 달리기를 멈추게 할 수도 있습니다.

내려놓으면 오래 멀리 달릴 수 있겠다 싶습니다.

그래서

오늘도

달립니다

나만의
아이덴티티

사람의 지문과 홍채가 제각각이듯이 달림이들의 뛰는 폼도 다 다릅니다.

심지어는 아주 우스꽝스럽게 달리는 분도 있습니다.

아주 잘 달리십니다!

골프 폼이 엉망이어도 오랜 구력으로 극복한 분들과

비슷한 과라고나 할까요?

동호회(요즘 잘 안 나가지만) 분들과 오래 달리다 보면 멀리서 폼만 봐도

누군지 압니다.

마치 그 사람의 지문처럼 어느 누구도 흉내 낼 수 없는

고유한 아이덴티티인 거죠.

흥미롭습니다.

여러분의 달리는 폼은 어떠신가요?

당신의 도가니는 안녕하십니까?

달리는 이야기를 하다 보면 자주 듣는 말이 있습니다.

'그대의 도가니는 안녕하시냐'고! 전 거뜬하다고 대답해줍니다.

달리기 20여 년, 레알 찐 울트라 러너가 된 지도 8년여가 됩니다.

축복받은 연골(엄마~ 쌩유배리모치!)일 수도 있습니다만, 달림이들 사이에

무릎 나갔다는 이야기를 들어본 적이 없습니다.

이유는 간단합니다.

무릎을 둘러싸고 있는 근육이 연골의 마모를 더디게 해줍니다.

무릎 나갈까 봐 달리기 주저하시는 분들. 구더기 무서워 장 못 담그는

격입니다. 설사 연골이 다 없어졌다 해도 걱정하실 필요 없습니다.

의료과학이 가만히 안 있습니다. 자연스러운 인공연골로 갈아끼우고

달리면 됩니다. 다만, 근육이 무릎을 잡아줄 때까지 천천히 여유를

가지고 달리기 내공을 올리십시오.

오늘도 다들 즐런!

달리면
살이 빠지나요?

달리면 살이 빠지나요?

"질문이 잘못됐다. 자꾸 왜 가뒀는지를 물으니까 답이 안 나오는 것이다.

왜 가뒀느냐가 아니라 왜 풀어줬느냐고 물어야지."

_영화 〈올드보이〉의 명대사

달리면 심신이 강건해지나요?

네!

살 빼려고 달린다면 당장 때려치우십시오.

달리기도 싫어지고 살도 못 빼, 두 가지를 다 잃어버립니다.

그러면 어떻게 해야 하나요?

굶으시면 됩니다. 달리다 보면 살이 빠지는데 그건 덤입니다.

마음과 몸이 튼튼해져

고된 삶에 든든한 비빌 언덕이 되는 것이 첫 번째입니다.

달리면서 살이 빠지는 경우는 이렇습니다.

매일 또는 자주 달립니다. 매일 또는 자주 먹습니다.

달립니다. 먹습니다.

밥맛이 좋아 조금 더 먹습니다. 어랏?

몸이 무겁습니다. 한 근 두 근의 무게가 더해지고 덜해지고에 따라 달리는 느낌이 달라집니다. 이때가 되면 자연스럽게 덜 먹어야 할지 더 먹어야 할지 스스로 조절합니다. 두어 근을 배에 붙이고 뛰는 기분은 더럽거든요.

살 빼려면 결국은 식단입니다!

뛰는 것도 이럴진대 걸어서 살 빼겠다고 하시는 분들 아세요?

영화배우 하정우처럼 하루 3만 보 걸으면 뺄 수 있습니다.

그것도 뭐? 식단 조절로요.

굿모닝,
애블바디?

새벽 3시, 그냥 눈이 번쩍!

잠을 이어가려 이리 뒤척 저리 질척거려 보지만

달아난 놈을 되돌리기엔 한참 모자랐습니다.

옷을 주워 주섬주섬

애발(애마 신발)을 신발신발

길바닥을 때리며 신새벽 공기를 가릅니다. 갱년기(?)로 후끈 달아오른

얼굴이 찬 공기에 움찔거리며 식혀집니다.

기분이 조금 좋아집니다.

'아무도 없습니다'가 아니라…

아침잠 없는 어르신들이 첫새벽의 적막을 사부작오부작 깨우십니다.

굿모닝~ 애블바디!

닥치고 달리다
(닥달)

주말을 방탕(?)하게 보냈더니

월요일 육십여 근 몸이 만근으로 불어났습니다.

어제 일찍 잠자리에 들었는데도 몸이 찌뿌둥하고 다리가 저립니다.

월요병도 근수를 보탭니다.

이럴 땐 그냥…

닥치고 달립니다!

마음먹기에 따라
거리는 아무것도 아닙니다

초등학교 시절, 왕복 10킬로미터를 걸어 다녔습니다.

어른이 되니, 게다가 뛰다 보니 20리 넘는 거리는 아무것도 아닙니다.

100킬로미터 울트라에서 80킬로미터 지점은 무아지경입니다.

마라톤에서 35킬로미터 구간을 마의 지점이라고 합니다.

하프에서 15킬로미터를 넘어서면 빨리 끝내고 싶어집니다.

100킬로미터를 염두에 두고 뛰면 40킬로미터는 그냥 지나갑니다.

마라톤을 뛴다면 하프는 조금 힘든 지점입니다.

하프에 대면 10킬로미터는 껌(?)도 아닙니다.

오늘의 10킬로미터는 어제의 과음으로 5킬로미터부터 너무 힘들었습니다.

마음먹기에 따라 거리는 아무것도 아닙니다.

뛰는 만큼
보인다

고향의 재발견!
가끔 올 때 대부분 집 앞
제방만 달렸습니다.
오래간만에 모교도 한번 가볼 겸
영역을 확장했더니 안 보이던 길이
보였습니다.
둘레길이었습니다.
이 궁벽한(?) 산골에도 이런 훌륭한
인프라가 만들어졌다니….
그저 감사할 따름입니다.
갑자기 낙향의 마음이
용솟음쳤습니다.
애향심 뿜뿜한 러닝이었습니다.

이런저런
일상이 있을 뿐입니다

코로나 완화가 일상의 변화를 도모합니다.

사실 따지고 보면 코로나가 창궐할 때도 일상입니다.

좋은 일상과 나쁜 일상이 어디 있겠습니까?

이런저런 일상이 있을 뿐입니다.

아침 행사가 생기는 것도 일상,

그래서 달리기를 당기는 것도 일상입니다.

새벽 러닝도 일상입니다.

힐하러닝

달빛이 밝습니다.

보름을 지난 지 나흘이 되었어도, 달님이 이지러지지

않고 탱클탱글하십니다.

코로나가 질 기미를 보이자 득달같이 조찬 행사들이 쏟아집니다.

달리기를 끊을 수 없어(병입니다) 새벽에 나섰더니, 달님이 웰컴하십니다.

그동안 너무 소원한 거 아니었냐며….

"안녕하시렵니까? moon님!"

첫새벽에도 달님 인사 나온 달림이들이 제법이어서

달리기가 외롭지 않았습니다.

마음과 몸이
따로 또 같이

오늘은 주말에 주로 달리던 율동을 작정했습니다.

평소라면 가는 길이 늘 그 길일 텐데 오늘만큼은 변칙을 쓰기로 했습니다.

이리저리 갈팡질팡!

(몸 왈 : 이건 반칙이야!)

그러다 보니 마음은 계속 길을 정하느라 정신 없었습니다.

힘들다며 몸이 보내는 신호를 신경 쓸 겨를이 없었습니다.

그렇게 한참을 달리다 율동에 들어서서야 몸과 마음이 하나가 되었습니다.

젖산 수치를 마음이 캐치하기 시작했습니다.

마음이 바쁘면 몸의 말을 잘 못 듣는 것 같습니다.

덕분에 지루하지 않게 러닝을 마쳤습니다.

따로 또 같이, 변칙엔 반칙으로!

지나친 음주는
달리기에 해롭습니다

술 마신 다음 날은 일어나기가 참 힘듭니다. 뛰기는 더욱 고역입니다.

해장술이 간에 치명적이라고 의사샘들이 뜯어말립니다.

해장주(?)도 몸에 좋을 리 '천만의 말씀, 만만의 콩떡'입니다.

언제부터인지 정확하게 기억이 안 납니다.

아마도 짙은 미세먼지를 개무시하고 달렸던 그즈음 같습니다.

옆 지기의 '툭 건드리기만 해도 아세트알데히드가 뚝뚝 떨어지겠다'라는

잔소리를 귓등으로 흘려버리고 해장주!

음주 후 다음 날 아침, 기어코 러닝!

이유는 단순합니다.

필 나이트의 말처럼 '안 뛰면 그날 하루가 끔찍'하기 때문입니다.

지나친 음주는 달리기에 해롭습니다.

조건반사

화장실에 손을 씻거나 이빨을 닦으러 갈 때 변기를 보면 오줌이 마렵습니다.
조금 전 일을 치러, 때가 이른데도 그렇습니다.
보나 마나 찔끔~

달리기 좋은 길을 보면 뛰고 싶어집니다. 러닝화를 신고 가벼운 차림으로 달
리는 상상이라도 합니다. 일단 침을 발라놓고 다음에 꼭 오겠다고 다짐을 합
니다. 이런저런 이유로 다시 가긴 쉽진 않습니다.

심리학 용어에 '행동 유도성'이라고 있답니다. 뭔 말인고 하니, 환경은 어떤
특정한 행위를 하도록 하는 힘이 있다고 합니다. 등짐에 늘 운동화와 러닝
팬츠, 셔츠를 넣고 다녀야 하나요? 조건이 되면 반사적으로 튀어나가게 말
입니다. 아, 새 러닝화를 샀을 때 뛰고 싶은 충동도 신발이 행동을 유도한 것
이랍니다.
그런 의미에서 새 신을 지르고 & 신고 폴짝?

고통을 즐기는 방법

허벅지 근육이 아직 단디 뭉쳐 있습니다.

이틀을 내리 달렸더니 꽤 심통이 나 있습니다.

발을 차니 고통이 올라옵니다.

살살 달래가며 달려봅니다. 여전합니다.

좀 더 밟아봅니다. 더 찌릿합니다. 즐깁니다.

이상 고통을 즐기는 방법이었습니다. The End!

저 멀리서 초보 러너인 듯한 분이 쿵쾅거리며 달려옵니다.

헉헉~ 숨을 거칠게 몰아서 쉽니다.

그도 그 나름의 방식으로 고통을 즐기고 있습니다.

고통은 온전히 즐기는 자의 것입니다.

즐기면 Value가 되어 쌓입니다.

안 먹어도 만족감에 배가 부른 이유입니다.

지루함과
맞바꾸기

골전도 이어폰을 산 건, 순전히 다른 이유는 없었습니다.

달리는 지루함을 덜어 보려고 했습니다.

확실히 덜한 건 맞았습니다.

하지만 내면에 집중할 수 없었습니다.

눈으로 들어오는 풍경도 귓전을 때리는 소리에 가려졌습니다.

평소엔 잘 들리지 않던 가사만이 선명해졌습니다.

빠른 템포엔 마음이 살짝 들떴지만, 뭔가 만족스럽지 않습니다.

음악 없이 달릴 때는 이 생각 저 생각 떠오르는 생각들이 돌아다니다

그냥 그런 채로 혹은 정리되곤 했습니다.

생각 자체만으로 달리기는 충실해졌었습니다.

사시사철 매일 시시각각 다르게 비치는 풍경들

바람 소리, 물소리, 빗소리, 눈 내리는 소리는

잘 볼 수도 들을 수도 느낄 수도 없을 것 같습니다.

지루함과 맞바꾸기엔 밑지는 거래 같습니다.

그래도 음악이 주는 가치는 있습니다.

취사선택은 그때 기분에 따라서….

달리기가 싫었습니다

초등학교 운동회의 백미는 달리기입니다.

1, 2, 3등을 하면 손등에 도장을 찍고, 공책을 나눠줬습니다.

그들이 늘 부러웠습니다.

도대체 등수와는 거리가 멀었습니다.

중학교, 고등학교 때도 마찬가지입니다.

체력장 모든 종목에 다 저능아였지만 달리기는 유독 늘지 않았습니다.

인생에서 달리기는 없을 줄 알았습니다.

달리기가 싫었습니다.

그런데 지금은 인생에서 달리기를 빼면, 앙꼬가 빠진 느낌입니다.

그렇다고 달리기가 마냥 좋지는 않습니다. 싫지만도 않습니다.

좋지도 싫지도 않은 인생처럼요.

늦잠을 잤을 때 뛰는 방법

꿈속을 헤매다가 늦잠을 잤습니다.

아침 루틴이 깨지게 생겼습니다. 하루 일정이 밀리게 되었습니다.

그렇다고 러닝을 거를 수 없습니다. 우선순위 상위이기 때문입니다.

차라리 밥을 건너뛰겠습니다(물론 밥은 먹어야지요)!

조금씩 서둘러 봅니다.

화장실 여유를 줄입니다.

옷을 빨리 갈아 입습니다.

러닝 속력을 끌어올려 봅니다.

중간에 잠깐 쉬는 건 그대로 충분히 갖습니다.

마무리 운동을 짧게 끝냅니다.

조금 늦으면 늦는 대로, 빠르면 그만큼 여유 있는 대로,

그날 주어진 대로, 닥치는 대로 합니다.

이상 늦잠을 잤을 때 뛰는 방법이었습니다.

적응이 안 되는 것들

반백 년 이상을 살았는데 아직도 월요일이 적응이 안 됩니다.

뛰기 싫은 몸뚱어리를 억지로 끌고 나와 달리기를 마쳤습니다.

그랬더니 기분이 조금은 나아졌습니다.

간만에 종거리

요즘 10킬로미터 이상 달리기가 싫었습니다.

그냥 그런 때가 있습니다.

어제만 해도 오늘도 조금만 뛰어야지 하는 생각이었습니다.

그런데 오늘 새벽에 잠시 깨었을 때 조금 멀리 달리자고 했습니다.

그리고 오늘 24킬로미터를 달렸습니다.

마음 내키는 대로, 그날 닥치는 대로 사는 게 좋은 것 같습니다.

단, 바른대로요.

우중주 주중주
우중주

빗속을 달립니다.

그중 한여름 소나기를 뚫을 때가 으뜸입니다.

막걸리 한잔 걸치는

주중주는 달림의 백미(?)입니다.

뒷감당은 각자의 몫입니다.

달린 후,

타는 목마름을 씻어내는 라거 한잔은 최고입니다.

비가 온다면 술맛은 더하겠죠!

문턱경

넘기가
무지하게 높습니다!

알프스의 몽블랑보다,
히말라야의 안나푸르나보다….

언능 인나요! 안 인나요?
아뇨!

아~ 몰랑!

편안한 달리기

쉬는 날이 주는 안정감이 더했습니다.

시간이 넉넉하니 쫓기듯 달리지 않아 좋았습니다.

먼(?) 거리를 뛴다고 마음을 먹으니 조급함도 사라졌습니다.

간만에 중거리를 달렸습니다.

봄이 오고 있습니다.

그동안 추운 걸 핑계로 멀리 뛰지도 않고, 위험하다는 것을 핑계로

트레일 런도 게을리했습니다.

이젠 좀 더 멀리 나가야겠습니다.

저의 대항해 시대가 오고 있습니다.

아자!

버들강아지가 반겨주었습니다!

이 동네에서 가장 빨리 제 마음을 설레게 하는
매화와 개나리를 보러 갔습니다.
이 둘은 아직 이르다며 나중에 오라 하는데요.
언제 오라는 말도 없습니다.
첫 개화를 놓칠까 봐 조급한 제 마음을 아는지
애타는 밀당을 하는 것 같습니다.

아차!
버드리가 있었구나! 쏴리~.
버들강아지는 말없이 더 일찍 반겨주곤 했는데,
개나리나 매화의 화사함(?)에 늘 뒷전이었습니다.
빼꼼히 고개를 내민 버들님 인사하시지요.

아침이 오는 소리

달님이 알려줬습니다.

어린왕자와 이바구에 정신이 sell 당해 미처 퇴장하지 못한 채
저와 눈이 마주쳤습니다.
(뭐래?)

요 며칠 흐린 날씨로 새벽의 농도를 가늠하지 못했는데,
이런 저의 무딘 감각과 무관하게 지구의 공전은 꾸준했나 봅니다.

시간은 강물처럼 흘러갑니다.
밤낮으로 밤이 밀리고 있습니다.
이러다 겨울이 속절없이 가고, 봄이 급작스럽네 나오지 싶네요.

5분만 더

세상 안전한 이불 속에서 더더를 외치다가 끔찍해서 박차 버렸습니다.
관성적으로 물을 마시고, 화장실 거사를 치르고, 몸을 풀고,
환복을 하다 보니 뛰는 것이 끔찍해집니다.

주로를 달리다 보니 추위가 끔찍합니다. 엉덩이가 시려웁니다.
어슴푸레한 서늘하늘에 나왔는데
어느새 첫새벽 햇빛이 고층 아파트 벽을 때립니다.

어랏!
얼어 따가웠던 엉덩이가 온기를 되찾았습니다.
기분이 살짝 좋아졌습니다.

끔찍한 삶은 참 단순함 속에 놓여 있습니다.

함께 달리니
좋습니다

사내 마라톤 동호회가 만들어졌습니다.

젊은이들이 주축으로 보여 가입을 주춤거렸습니다.

입은 닫고 지갑은 열자는 심정에 이르니 망설임이 사라졌습니다.

오늘 아침 번개모임에 참석했습니다.

달랑 둘이었지만 그래도 신선했습니다.

그분 나이를 듣는 순간 선도가 떨어지긴 했지만요.

할 이야기가 너무 많아 달리는 중이라는 자각을 망각하기도 했습니다.

시간이 순삭되었습니다.

330(마라톤을 3시간 30분 미만으로 완주)을 목표로 한다길래,

꽃중년이 가기 전에 서두르라는 충고도 해줬습니다.

입은 닫아야 하거늘, 금세 잊어버렸습니다.

하지만 괜찮습니다.

그분도 꼰대 나이라~.

꼰대와 꼰대가 만나 꼰대스러운 토크로 상쾌한 아침을 열었습니다.

오늘은 달리기가 싫었습니다

이런 날도 있습니다.

그래도 꾹 참고 달렸습니다.

안 달리고 후회하는 것보다 이 편이 낫습니다.

달리기는 싫어도 달리고 나면 후회는 없으니 남는 장사입니다.

고로 지겨워도 달린다!

밀당

날이 꽤 춥습니다.

이불 속에서 '5분만 더'를 외치다가 안 뛰면 또 뭐 하나 싶어 일어납니다.

단디 싸매고 길을 나섭니다.

몸이 으슬거려 가속을 해봅니다. 바람을 일으키니 어랏? 이마가 시립니다.

엑셀에서 발을 떼니 괜찮아집니다. 그런데 몸이 다시 으슬으슬.

밟으니 바람이 이마를 쪼아대고.

밀당은 5킬로미터 언저리에 이를 때까지 계속됩니다.

반 시간여를 밀고 당기기를 반복하고 나니 몸이 전체적으로 데워집니다.

밀당 탈출!

그런데 말입니다. 쌩하고 지나가는 저 바이크 쿈장은, 밀당 중일까요?

끝났을까요? 아니면 그냥 냉동 상태? 바람은 그저 극복의 대상일 뿐!

최종 병기 달리기? 자전거?

달리기와 숨

귀는 들으라, 코는 숨 쉬라, 입은 삼키라, 똥꼬는 싸라고 뚫린 구멍^{hole}입니다.

달리면 숨이 찹니다. 밥 먹으면 배가 부르는 것과 같습니다.

밥을 먹으면 똥꼬로 찌끼를 내듯이, 들숨날숨은 코를 통해야 합니다.

숨이 차면 많이들 입으로 내쉽니다.

하지만 코로 밥을 먹지는 않죠.

입으로 쉴 것 같으면 속도를 늦추십시오.

처음엔 어렵고, 또 시간이 꽤 걸립니다.

그러다 보면 어느새 코로만 쉴 수 있는 날이 옵니다.

물론 아주 가끔은, 예를 들자면 가파른 산을 오를 때

혹은 전력 질주를 하고 난 후 등등의 순간에는

입의 도움을 받아야겠습니다.

오늘 아침 몇 도?

아침 벌떡 하면 늘상적으로 네이버 날씨를 엽니다.

장갑을 껴야 할지, 끼면 어느 정도 장갑일지, 넥워머를 장착해야 할지,

바람막이를 걸쳐야 할지, 양말 두께는 어느 정도?

추위가 요동을 칠수록 준비도 정교해집니다.

오늘은 16도!

음, 이 정도면 반팔 & 반바지!

올 들어 처음으로 반팔을 걸쳤습니다.

복장을 완성하는 느낌입니다.

러너는 최대한 헐벗어야 제맛이거든요.

물론 자신감 뿜뿜 러너는 웃통을 까지만

그건 극소수를 제외하곤 대부분 민폐각입니다.

분수

가끔 트레일 런 대회에 참가하면, 괴물 같은 분들을 목격합니다.
기록으로만요. 너무 빨라 실체를 도대체 볼 수가 없습니다.
저는 죽을 둥 말 둥 겨우 10시간을 버텨 들어오면
이분들은 이미 5시간 전에 레이스를 마치고, 맥주를 마시고 있겠죠?
존경스럽고 부럽고 제 몸의 한계에 짜증도 나고 뭐 그렇습니다.

제가 먹을 수 없는 모든 포도는 시고 맛이 없기 마련입니다.
'핑계'는 괴물들 틈에 살아가는 소시민의 중요한 덕목이 아닐 수 없습니다.
오래 멀리 달리려면, 아장아장 천천히 분수에 맞게!
그래도 컷오프는 면하는 걸로요.

달리다가 힘들면

잠시 멈춥니다.
아니면 걷습니다.

이 순간이 그렇게 달콤 달달합니다.
그래도 여전히 러너입니다.

달리기를 멈춘 건 아니니까요.
잠시 숨을 고를 뿐.

오늘은 꽃 핑계를 많이 댔습니다.

'아침에 꽃을 보면 저녁에 죽어도 좋다.'

다른 곳 달리기

평소와 다른 길을 뛰었습니다.

루틴을 벗어난 곳을 달릴 때는 시공간 감각이 무뎌집니다.

얼마나 달린 건지, 어느 정도 시간이 지난 건지.

생각보다 많이 빨리 시공간이 지나버린 경우가 많습니다.

훅 가버렸다고나 할까요.

그래서 지루함이 덜합니다.

오늘 평소와 다른 곳을 달렸습니다.

닦여진 주로가 없어 몇 번이고 신호등을 건넜지만,

시간은 빨리 지나버렸습니다.

휙 달려 10킬로미터를 지나왔네요.

하늘이 주신 기회

춘분이 낼모레인데 함박눈이 내립니다.
러너는 하늘이 주신 기회를 놓칠 수 없습니다.

바람막이를 걸치고, 장갑을 꼈지만 스며드는 눈물(?)에 금세 젖습니다.
한기가 스멀스멀 올라옵니다. 이때는 더 밟는 게 상책입니다.
엔진이 가열되면 저체온증 걱정은 소멸되니까요.
그런데 눈비에 집중 노출되는 넙다리 대퇴사두근 피부조직은
벌겋게 달아오릅니다. 어쩔 수 없죠.
모든 게 만족스러운 상황은 좀체 맞이하기 힘든 것이 인생길이니까요.
그래도 이 생경한 상황 속을 달리는 이 기분은 참 묘하게 들뜹니다.

Now and here!
달리는 사람만이 맞이하는 춘분의 눈,
이런 축복에 감사드립니다.

빗속의 질주

비가 온다고 합니다. 봄을 재촉하는 비!

겨울 러닝의 관성이 있어, 차림을 꼼꼼히 하고 문턱령을 넘었습니다.

아파트 현관문을 나서는데 비가 장난이 아닙니다. 잠시 망설였습니다.

'다시 들어갔다가, 좀 잦아들면 나올까? 에라, 모르겠다.'

냅다 뛰었습니다!

한여름 소나기 가운데를 가르는 상쾌 발랄한 러닝을 생각하면서요.

착각이었습니다. 겨울의 끝자락은 아직 봄의 바짓가랭이를 잡고 있는 터라,

냉기가 스며들었습니다. 더더군다나 간과한 것이 있었습니다.

한여름 폭우에 러닝팬츠 & 난닝구가 머금는 워터의 양은 미약할 뿐입니다.

달리는 데 지장이 없다는 이야기입니다.

하지만 춘래불사춘의 완전 군장(?)은 빗물을 진득이 담아버렸습니다.

몸이 천근만근이 되었습니다. 마음이 급합니다.

마구 달렸더니 간신히 저체온증을 탈피할 정도로 몸이 가열되었습니다.

방심은 금물, 멈출 수가 없습니다!

홀로 달리는 데 저편에 two runners가 지나갑니다.

핫팬츠에 반팔, 여름 복장입니다. '추울 텐데….'

아는 사람들입니다. 동네 마라톤 클럽의 Top tier 선수들입니다.

저보고 붙으라고 합니다. 속도가 장난이 아닙니다.

4킬로미터만 같이 달리자고 합니다. 킬로미터당 4분 30초!

콧숨이 모자라 입으로 들숨 날숨이 터져나옵니다.

아, 저체온증은 달나라로 가버렸습니다. 몸이 후끈 달아오릅니다!

이 정도 속도면 핫팬츠와 반팔티가 적당합니다.

3킬로미터를 간신히 동반주하고, 제 갈 길로…. 빗속의 질주였습니다!

오늘의 교훈!

초봄이라도 킬로미터당 5분 언더면 여름 러닝 복장도 무방하다.

몸이 안 좋을 때도 뛴다!

어지간하면 달립니다!

어제 오후 무얼 잘못 먹었는지 밤새 복통과 미열에 시달렸습니다.

잠도 설친 탓에 컨디션이 그지 같았습니다.

오늘 조금 긴 트레일 런을 작정했는데 언감생심입니다.

잠시 유혹이 치고 듭니다.

'몸도 별론데, 오늘 하루 건너뛰고 쉬면서 충전 좀 하지?'

컨디션이 엉망일 때 뛰는 것이 좋을까요? 쉬는 것이 좋을까요?

의사샘은 뭐라 하실까요?

대답은 각자의 의지에 달려 있을까요?

전 뛰었습니다!

달리기를 통한 치유의 힘을 믿어보기로 했습니다.

내가 거기에
맞추면 됩니다

입추가 지났건만 아직 한여름입니다.

지리산 종주의 후유증이 아직입니다. 몸이 무겁습니다.

그런데 바람 한 점 없는 게 아니라….

뛰는 방향에 맞게 순풍입니다.

근육통 때문에 어기적거리며 달리는데, 바람의 속도도 똑같습니다.

무풍지대를 뛰는 것 같습니다.

육수가 몸 둘 바를 모르게 뿜어져 나옵니다.

얼굴은 후끈 달아오릅니다.

안 그래도 몸이 만신창이인데 바람마저 안 도와줍니다.

반환점을 돌았더니 바람 맛이 일품진로입니다.

땀이 휘발되면서 느끼는 청량감이 달리는 고통을 덜어줍니다.

달리는 맛이 참이슬입니다.

순풍이 좋은 것만도 아니고 역풍이 나쁜 것만도 아닙니다.

그저 바람일 뿐입니다.

내가 거기에 맞추면 됩니다.

러닝을 훼방놓는 대표적 핑계들

달려야 할 이유는 고작 서너 가지에 불과한데,

못 달리는 핑계는 백만 가지를 댈 수 있습니다.

그중 대표적인 핑계는,

추워서…

더 껴 입고 싸매면 됩니다.

더워서…

아침 일찍 선선할 때 달리면 됩니다.

졸려서…

누구나 졸립니다.

시간이 없어서…

잠을 줄여가며 달리세요!

피곤해서…

달리면 피로가 거짓말처럼 회복됩니다.

그리고 세상에 안 피곤한 사람 어디 있나요?

술 먹어서…

달리면 술이 깹니다.

아파서…

죽을 만큼요? 아니면 달리십시오!

뛰면 무릎이 아파서…

안 뛰어 봤잖아요. 뛰다 아프면 보다 천천히 뛰세요.

그래도 아프면 걸으세요.

달리면 힘들어서…

당연합니다. 정 힘들면 아장아장 뛰어봐요.

늦잠 자서

저녁에 달려요, 우리!

옷이 없어서…

청바지 입고, 정장 걸치고 뛰어도 됩니다.

신발이 없어서…

구두도 가능해요.

재미 없어, 단조로워서…

인생이 원래 그렇습니다. 어쩌라고요.

뛸 곳이 없어서…

다람쥐는 왜 쳇바퀴 돕니까?

의지가 약해서…

그걸 말이라고 합니꽈아~.

달리고 싶지 않아서…

Born to Run!

좋아요. 내일부터 뛸게요.

누가 속을까 봐요? 당장 달리세요!

아싸의 슬픔

아싸라 悲(비)야~!

동호회에 아싸입니다.

매주 화목 저녁 모임에는 한 번도 안 나갔고,

일요일 모임도 요즘은 어쩌다 한번 나갑니다.

그러니 당근 아싸!

오늘 오래간만에 모임에 나갔습니다. 모이는 장소에 가지 않고,

뛰면서 합류하려고 바로 주로로 나갔습니다.

한참을 뛰어도 아무도 안 보입니다.

급히 공지사항을 살폈습니다.

빙판과 추위로 훈련 코스가 바뀌었습니다.

아싸라 비야~.

본진에 합류하기 위해 먼 길을 달렸습니다.

드디어 합류했는데, 간만에 뛰어서 그런지 회원들이 무지하게 빠릅니다.

자주 나와서 보조를 맞췄어야 하는데….

따라가느라 힘들어 죽는 줄 알았습니다.

아싸라 비야~.

훈련 막바지에, 회원 한 분이 말합니다.

모임 장소에 가면 뜨끈한 어묵이 기다리고 있다고….

훈련을 마치면 먼저 집에 들어오는데 어묵 생각에 끝까지 같이 합니다.

허기진 배를 달래고, 차가운 몸을 데워주는데 어묵 국물만 한 게 없습니다.

순식간에 4개를 순삭 했습니다.

맛납니다.

인싸는 못 되어도 아싸와 인싸 사이 어느 지점에는 있어야겠습니다.

어묵 국물이라도 얻어먹으려면요.

다음에 뛰지 뭐!

반백 언저리나 넘으신 분들, 다음은 없습니다.

시간이 없습니다.

지금 당장 뛰십시오!

롸잇 나우~!

하고 싶은 것들,

먹고사니즘에 밀려 다음에 하겠다고 합니다.

그럼 평생 못할 가능성이 큽니다.

이번 생이 예상보다 빨리 끝날 수 있습니다.

늦게 졸한다손 치더라도 살아온 날과 살아갈 날은 이미 부등호입니다.

'지금 당장'이 우리에겐 지상에서의 과제입니다.

오빠, 달려~!

나이에 민감하긴
러너도 마찬가지

지난 일요일 동호회 자체 하프 마라톤 대회가 있었습니다.

대회로 명하기보단 '기록회'라고들 합니다.

각자 뛴 기록이 게시판에 올라오는 거야 그렇다 치는데,

연령별 순위가 재빠르게 갈렸습니다.

저는 회원님들의 정확한 나이를 모릅니다.

아싸여서일까요?

한국 사람들 나이 따지는 거야 세계에서 탑인데,

하물며 러너들은 말해 뭣하겠슴까?

더하겠지요.

그런데 20대 30대는 없습니다.

(젊은이들 드르와요~ 드르와요~ 1등 먹을 수 있슴당!)

그나저나 70대 삼촌들도 하프 완주하시고 계셨습니다.

존경합니다!

마법의 시간

어제 저녁 늦게까지 일이 있었습니다.

아침이 찌뿌뚱합니다. 마라톤의 후유증도 아직입니다.

그런데 컨디션이 좋은 저녁 & 잠을 푹 자도 아침은 늘 일어나기 힘듭니다.

하지만 신데렐라 마법의 시간이 기다리고 있습니다.

뛰러 나가기까지 힘겨워서 그렇지 일단 나가면 변신의 시간입니다.

첫발이 어려워서 그렇지 달리기 시작하면 관성으로 나아갑니다.

마법처럼 몸이 깨어납니다. 덩달아 기분도 상쾌해집니다.

부심이 차오릅니다. 신데렐라 마법이 이루어지는 시간입니다.

변신은 기분 좋은 아침을 엽니다. 25리, 1시간, 변하기 위한 질량입니다.

유통기한은 하루입니다. 마법 같은 하루, 달리기가 요술을 부립니다.

매일 아침, 잃어버린 유리구두를 찾으러 나갑니다.

차가 달린 거리

주차장에는 10년도 더 된 중고차가 주차되어 있습니다.

얘는 운행이 아닌 주차가 일입니다.

가끔 숨이 넘어갔는지 확인해줘야 합니다.

그러니 달린 거리가 의미가 없습니다.

저는 지금까지 올해 3000킬로미터 내외를 달린 것 같습니다.

이러다 오래된 애마보다 더 달리는 건 아닌지 모르겠습니다

오늘은 오래간만에 일부러라도 숨도 불어 넣어주고,

계기판도 확인해봐야겠습니다. (나보다 덜 달린 거 맞아?)

그래도 가끔, 먼 거리에 있는 고향에 데려다주는 고마운 놈입니다.

반가운 사람들

여사님들을 못 뵌 지 2년을 훌쩍 넘어버렸습니다.
방아교각 밑 공터에 그분들이 나타나셨습니다.
이게 얼마만인지. 경쾌한 음악과 현란한 몸동작이 아침을 깨웁니다.

굿모닝~ 여사님들!
여사님들을 뒤로하고 하탑교를 지나니 어르신들이
DJ DOC와 춤을 추고 계셨습니다.
오늘이 에어로빅 개장한 날인가 봅니다.
종일 '나 이런 사람이야~'를 흥얼흥얼하게 생겼습니다.
일상이 소중하게 다가왔습니다.

부지러닝

오래간만에 회사 동호회 아침 번개가 열렸습니다.

아침 일찍 뛴다고 해서 '부지러닝'입니다.

매일 아침 달리고 있어 동참이 어렵지 않았습니다.

네 명이 모였습니다.

한두 번 얼굴을 익혀서 그리 어색하지 않았습니다.

뛰면서 달리기 관련한 이런저런 이야기를 나누다 보니

시간이 순삭입니다.

혼자 달리는 것도 좋지만, 같이 달리는 즐거움도 있습니다.

뿌듯하게 하루를 시작할 수 있어 좋았습니다.

인생,

달립니다

인생은 마라톤입니다?

마라톤은 지겹습니다! 고로 인생은 지겹습니다?

하프를 작정하고 집을 나섰습니다.
딱 거기까지가 마음입니다. 반을 넘어서면서 몸부림이 시작됩니다.
마음 시키….

15킬로미터를 넘어서니 호흡마저 말썽을 부립니다.
18 18 18
욕의 구간을 지날수록 나아지지 않습니다.

인생길 길게 작정해야겠습니다!
지겹지 않게! 지치지 않게!

월요병

지구에 있는 사람은 누구나 자신만의 삶의 무게가 있습니다.
예외가 있을 수 없습니다.

월요일은 넘나 무겁고 금요일은 가볍습니다.
마음의 무게일진대 언제쯤 쉬이 감당 가능해질까요?

부처와 예수 공자 무함마드의 마음을 헤아려봅니다.
아득해지는 월요일 아침 올림!

내 페이스대로 살자!

계묘년 해가 밝았습니다.

자연은 어제와 다를 바가 없습니다만, 인간 세상은 분명 달라졌습니다.

저도 마찬가지입니다.

간밤에 쫓기는 꿈을 꿨습니다.

제 페이스를 잃고 남들의 흐름에 눈치를 보면서 조급해지고 있었습니다.

잠을 깨면서 올해 다짐을 했습니다.

'나만의 페이스 대로 살자!'

적당한 속도, 안정된 호흡, 감당 가능한 컨디션, 편안한 마음!

삶도, 생활도, 달리기도!

사람마다
각각 다 다릅니다

자전거에 미친 분을 만났습니다.

과도하게(?) 타는데 달리기는 가끔 10킬로미터 정도가 적정하다고 합니다.

하프를 뛰고 나서 컨디션을 봤더니 이 길이 아니라고 바로 접었다고 합니다.

또 다른 지인은 저와 같은 울트라 러너입니다.

수영도 하고 자전거도 타니 철인이 더 어울립니다.

주종목은 러닝입니다. 엄청 달려왔습니다.

무리를 했는지 다리에 피로골절이 와서 몇 달을 쉬었다고 합니다.

비슷하게 달리는 저는 괜찮습니다.

건너건너 지인은 등산만 줄곧 하시는 분입니다.

마음이 괴로워서랍니다. 높은 산을 오르는 것도 아닙니다.

동네 뒷산을 매일 오르는데 이분도 피로골절이라고 합니다.

사람마다 각각 생김생김이 다 다릅니다.

뭐가 맞는지 모르겠습니다.

그냥 마음 가는 대로 몸 가는 대로 하면 그뿐입니다.

다만 적당히 중용을 유지하는 것이 제일 중요한 것 같습니다.

무리는 금물!

누구나 타고난
기질이 있습니다

요즘 아주 형편없을 만큼 조금

사주팔자, 명리, 음양오행, 원국, 12간지 등의 낱말을 접합니다.

누구나 타고난 기질(팔자)이 있습니다.

기질대로 살면 주어진 사주팔자의 범위를 벗어날 수 없다고 합니다.

이것도 삶의 한 방편이긴 하겠으나, 기왕이면 기질을 운용하며 주체적으로

살라고 합니다. 무슨 말이냐면, 태어나면서 정해진 게 3이라면 살아가면서

새롭게 정의할 수 있는 게 7이라고 합니다.

타고난 생김을 잘 살펴 좋은 것은 더욱 북돋우고, 불편한 것들은 감수하거나

흘려보내는 지혜가 필요하겠습니다.

그나저나 제 사주에는 뭐가 끼여 달리는 팔자가 되었는지 궁금합니다.

한편, 사주는 좋고 나쁨이 없다고 합니다.

불호는 인간들이 정한 기준일 뿐!

연습만큼 달리고, 의지만큼 나아간다!

달리기 좌우명으로 삼고 있는 문구입니다.

실제 연습을 많이 하면 잘 달릴 수밖에 없고,

물리적 한계에 도달했을 때 의지가 보태져야 더 나아갈 수 있었습니다.

비단 달리기만 해당되지 않는다는 것을 이 아침에 되새겨봅니다.

탐욕, 분노, 어리석음은 없앨 수는 없겠지만,

부단히 연습해야 그 농도를 묽게 할 수 있습니다.

기쁨, 즐거움, 행복은 의지를 가지고 누려야 배가 될 수 있습니다.

모든 게 연습이고 의지입니다!

일부러
웃어 보았습니다!

오랜만에 사람들을 만나다 보면, 근황을 묻기 마련입니다.
그러다 보면 달리는 이야기가 대화의 한 대목을 채웁니다.

그런데 최근 연이어 들은 이야기가 있습니다.
"그렇게 달리는 사람들은 얼굴이 많이 상해 있던데,
님은 not bad & a little good!"
팩트와 상관없는 덕담인데요. 곰곰이 되새김질해보니 '달림우(友)'들이
그런 것도 같습니다. 이유를 추리해보면, 달리면서 힘드니까 오만상으로
구기다 보니 그게 굳어버린 것 같습니다. 물론 군살이 없는 데다 햇볕에
검게 그을려 안 예뻐 보일 수도 있겠습니다.

오늘 뛰면서 일부러라도 웃어 보았습니다.
다들 뛰실 때 "김치 김치 김치" 외칩시다!

How와
Why

"왜 사냐?"는 질문은 잘못된 질문입니다.

정답이 망설여지거든요.

"어떻게 사냐?"

잘, 건강하게, 행복하게, 활기차게, 아무 탈 없이, 그럭저럭….

질문을 바꿔서, "왜 뛰냐?"는 막연합니다.

끔찍해서 뛴다고 하지만 철학의 영역이기에 답이 난해해집니다.

"어떻게 뛰냐?"

잘, 부상 없이, 천천히 오래, 빨리 힘들게, 짧게 또 길게….

'왜'보다는 '어떻게'에 집중하는 달리기를,

삶을 살아내야겠습니다!

모든 게 완벽하게 나쁜 건 없습니다

본의 아니게 과음을 했습니다. 아침에 일어나니 뛸 몸 상태가
아니었습니다. 안 뛰자니 더 끔찍할 것 같습니다.
'에라, 모르겠다. 뛰자!'

나가니 비가 제법 옵니다. 휴대폰이 젖게 생겼습니다.
'에라, 모르겠다. 뛰자!'

하늘에선 빗물이, 제 몸에선 술물이 뚝뚝 떨어집니다. 어지럽습니다.
목은 타고, 숨은 가빠집니다.

춥기까지 합니다. 최악입니다. 빨리 러닝을 끝내고 싶습니다.
우중런의 즐거움이 있었나요?! 최소한 오늘은 저에게 아닌 것 같습니다.
그나마 다행히 꽃길을 만났습니다.
모든 게 완벽하게 나쁜 건 없습니다.

오늘도 하루를
징검징검 건넙니다

달리기와 수면의 상관관계는 별로 없더라고요.

물론 뭘 하든 잠을 푹 자주면 좋다는 거야 말해 뭣하겠습니까!

하지만 지난밤 잠을 설쳤다고 그다음 날 달리는 데는 아무 지장이 없습니다.

심지어 하룻밤을 꼴딱 새우며 뛰어도 괜찮습니다.

달려서 힘든 거지, 졸려서 힘든 건 아니거든요.

어젯밤 잘 안 보던 TV를 켰다가 덜컥 잡혀 자정을 훌쩍 넘겨버렸습니다.

〈내부자들〉을 했거든요. 심지어 제가 예전에 집중해서 봤던

영화였습니다. 탄탄한 시나리오와 이병헌, 백윤식, 조승우의 명연기에

또 마음이 쫄깃해졌습니다. 영화의 타격감이 크다 보니, 여운이 세서

잠을 설치다가 새벽에야 겨우 잠이 들었습니다. 서너 시간 만에 다시

러너로 돌아왔는데, 평소와 다름이 크게 없었습니다.

여전히 일어나기 싫고, 뛰기 싫고.

그나저나 모히또 가서 몰디브는 언제 한잔 할까나요?

알면서도
모르는 관계

주로에서 가끔, 어쩌면 자주 마주치는 사람들이 있습니다.
서로를 의식하지만 아는 체하진 않습니다.

무리 지어 뛰는 중년을 지나고 있는 달림이들
나이 들어도 쌩쌩함이 드러나는 지긋한 어머님 둘
아침 일찍 출근을 파워워킹으로 하는 여사님 하나
가끔 나타나 맷촐한 다리로 경중경중 뛰는 러너님 하나
저처럼 아장아장 반대편에서 달려오는 동년배 선수님 둘

하나

둘

들

⋮

알면서도 모르는 관계

알면서 모른 척하는 관계

알면서 아는 체해야만 하는 관계

알면서 불편한 관계

알면서 편한 관계

너무 가깝지도 멀지도 않지만

멀어져도 서운하지 않고

가까워도 서로의 가시에 찔리지 않을 만한

그런 관계.

어디 있을까요?

달리기와
세상 시름

달리면 머릿속이 깨끗해지나요?

노노!

달릴 때도 온갖 잡생각이 머릿속을 휘젓고 다닙니다. 스트레스가 해소되고 근심 걱정이 사라진다? 아닙니다. 그대롭니다. 다만 달릴 때 세상 시름이 조금은 없어지는 듯합니다.

왜냐고요?

힘들어서요!!

더 힘들어질수록 걱정거리들은 조금씩 더 달아나기 시작합니다.

어느새 삶을 둘러싼 팍팍함은 사라지고 단순 무식(?)함이 자리합니다!

하지만 뛴다고 세상 시름이 없어지지 않습니다.

잠시 다른 생각이 차지할 뿐입니다! 시간이 모든 걸 해결합니다.

그러니까 뛰십시오! 왜냐하면 뛰면 시간이 가니까요.

걱정병이 도져서

어젯밤 늦게 막걸리 한 병을 말끔히 클리어했습니다.
취기가 오르면서 중간에 끊을 수가 없었습니다. 오늘 아침 러닝이
살짝 걱정되긴 했지만, 알코올로 좋아진 기분을 누를 수 없었습니다.
'막걸리 한 병쯤이야'가 아니라 낮에도 홀짝거린 소주의 전작도 있었습니다.
이런저런 걱정병이 도져서라는 건 핑계일 뿐 술이 좋아서 마셨습니다.

그런데 이게 웬일입니까? 술 안 마신 날보다 몸이 가볍습니다.
술이 덜 깬 건 아닌지 의심도 해보지만 그건 전적으로 아닌 것 같습니다.
최근 몸무게가 한 근 정도 줄었는데 그 영향이었는지도 모릅니다.

하여간 컨디션이 좋아 괜히 횡재한 것 같습니다.
반백 년을 넘게 살아온 제 몸을 정말 알다가도 모르겠습니다.
그나저나 막걸리 두 병까지 괜찮을지 모르겠습니다.

행복이
뭐 별건가요?

6킬로미터를 뛰고 반환점에서 숨을 한번 고릅니다.

그리고 200여 미터를 터벅터벅 걷습니다.

다시 10킬로미터까지 달리고 300여 미터를 걷습니다.

합치면 500미터 워킹입니다.

이 구간이 저에게는 편안한 행복을 주는 순간입니다.

시간으로 따지면 5분 내외일 텐데,

달리기가 주는 고통(?)에 대한 반감이

상대적 안정감을 더하는 것 같습니다.

행복이 뭐 별건가요?

곳곳에 숨어 있는 것들을 살뜰히 챙기시기 바랍니다!

생각들이 다 같을 수는 없습니다

맨날 같은 길을 달립니다.

어쩌다 가끔 다른 길을 달립니다.

하지만 매번 일어나는 시간, 달리는 총량, 속도

그리고 날씨, 온도, 하늘 빛깔, 바람, 공기 냄새.

미세하게나마 여명의 시간도 다르게 옵니다.

스쳐가는 사람들, 탄천의 청둥오리, 쇠백로, 물비린내

그날의 멘털, 피지컬 컨디션, 머릿속을 오가는 생각들 다 같을 수 없습니다.

맨날 새로운 나날입니다.

하지만 지루한 나날이기도 합니다.

맨날 같은 길을 달립니다.

어쩌다 가끔 다른 길을 달립니다.

마음이 매순간

왔다리 갔다리

좌로 우로

우왕 좌왕

아래로 위로

이리 저리

갈팡 질팡

요리 조리

좌고 우면

할진대 천지 간 만물의 변화무쌍은 말해 무엇하겠습니까!

오죽하니 부처님은 제행무상이라 하였겠지요.

나무관세음보살

후회, 반성
그리고 개선

이 셋의 상관관계를
돈독히 하기가 참 어렵습니다.

사는 것이 쉽지 않은 이유입니다.

사정

누구에게나

어느 일이나

까닭이 있기 마련입니다.

excuse!

행복

아들이 뜬금포를 날렸습니다.

"아빠 가장 행복한 순간이 언제였어?"
"조금 전 라라 포함 온 가족이 모여 두런두런 이야기 나눌 때~."

무슨 내용인지는 중요하지 않습니다.
행복은 멀리 있는 게 아닙니다.

걱정병
해결 방법

우리는 왜 걱정할까요?

불과 1만여 년 전 사바나 초원에 살던 우리 선조들은 늘 걱정을 안고
살았습니다. '사자를 만나면 어떡하지?' '오늘 사냥은 잘 될까?' '잠잘 곳은
안전한가?' '먹을 것은 충분한가?'

걱정은 몸을 움직이는 동력이었습니다.

사자를 피해 도망가고, 영양을 사냥하고, 안전한 동굴을 구하고,

먹을 것을 비축해두려면 움직여야 했습니다. 쉼 없이 달려야 했습니다.

움직이지 않는 베짱이 인간은 멸종하고 말았습니다.

걱정은 결국 진화의 산물입니다.

걱정으로 스트레스를 더 받을수록 생존 가능성은 더 커지니까요.

지금 우리 뇌 구조는 1만 년 전 선조와 똑같습니다.

걱정병이 도처에 널려 있죠.

생존의 위협을 선조들만큼 받지 않는데도 말입니다.

걱정으로 인한 스트레스는 쌓이면 독이 됩니다.

그것을 선조들은 달리면서 풀었습니다.

가끔 더 뛰라고 '엔도르핀' 같은 것도 던져줍니다.

우리의 뇌는 아직 석기시대를 살고 있습니다.

달리고 있으면 우리의 뇌는 살아남기 위해 톰슨가젤을 잡고 있다고

해석합니다. 그러면서 뇌는 걱정을 풉니다.

간만의 태양 속 질주!

달리기는 엔터테인먼트가 아닙니다. 생존을 위한 활동입니다.

선택이 아니라 필수입니다. 이래도 안 달리고 싶습니까~!

얼룩말 한 마리 잡으러 가시죠!

_《뇌는 달리고 싶다》(안데르스 한센 지음, 반니, 2019)에서 일부 차용함

우연이 가져온
일상의 선물

근수가 나가는 월요일입니다. 다른 날보다 몸을 퉁기기가 불편합니다.

마음도 덩달아서 달싹이길 싫어합니다.

그래도 고!

달리기 중반을 넘어서고 있는데 누가 자전거를 저만치 세우고

저를 부릅니다. 잘못한 게 있는지 몰라 제발이 저려옵니다.

좇아서 다가가니 동생입니다.

자전거를 타는 동생도 탄천이 주로입니다. 그래도 만나기 힘듭니다.

여러 경우가 중첩되어야 우연이 됩니다.

가라앉는 월요일이 마음이 들뜨자 몸도 가벼워집니다.

1킬로미터 남짓 동반주를 했습니다.

우연이 가져온 일상의 선물입니다.

인생에서
3락, 3고, 3독

3락은 술 마시고 또 마시고 거듭 마시는 것입니다.

3고는 달리고 또 달리고 매일 달리는 것입니다

3독은 책을 읽고 또 읽고 자주 읽는 것입니다.

3락의 끝은 숙취의 고통이 남고,

3고의 끝은 성취의 희열이 있고,

3독의 끝은 성장의 감동이 있습니다.

락도 고도 독도 저에겐 다 소중합니다.

솥이 제대로 서려면 3개의 다리가 필요하듯이

제 인생에 3락 3고 3독은 각각의 축입니다만….

요즘 음주에 최선을 다하고, 책 읽기를 게을리하네요.

헤어질 결심

'인생을 깃털처럼 살자!'라는 생각입니다.

가볍게~ 가볍게~. 그래야 떠날 때도 훨훨~.

헤어질 결심을 해야겠습니다!

진중권(?)을 버리고 하늘~ 하늘~

일상을 유머~ 유머~

나비처럼 팔랑~ 팔랑~

매미처럼 맴~맴~맴~맴~

헤어질 결심을 해야 헤어지지 않는,

가끔 너무 가벼워 정말 날아갈 것 같을 때 찾아와 붙들어매주는,

그런 엄.근.진은 아주 조금만.

뭐래?

빈자리

어제 오후부터 아내의 빈자리를 채워 왔습니다.

별건 없습니다? 애들 밥 챙기고, 설거지하고, 청소하고, 멍딸 돌보고 등등.

평소 자주 해왔던 습관 같은 것들이라 용이합니다.

문제는 오늘 여유 있는 긴 달리기를 못하게 되었다는 겁니다.

밥, 설거지, 청소, 멍딸 핑계를 대고 10킬로미터만! 어차피 오래 뛰기

싫었는데 잘되었다는 빠른 자기 변명 쪽으로 마음을 넘깁니다.

이런 날도 있는 거죠, 뭐!

일상을 잠시 틀었더니 변화가 찾아옵니다. 바뀜을 즐거이 받았습니다.

왜냐하면 돌봄의 시간에 제가 좋아하는 막걸리를 12(홀짝)거릴 거거든요.

매번 비슷해 지루(?)하지만 평범한 일상이 소중합니다.

변화는 싫지만 즐겁게 받아들이면 그뿐입니다.

장모님, 애 엄마 빨리 보내주세요!

속쇄로부터의 해방

늘 그렇듯이 기계적 반응입니다.

벌떡 일어나, 물을 마시고, 화장실을 다녀와 몸을 풉니다.

러닝복으로 갈아입고, 모자를 쓰고, 마스크를 부착하고 문턱령을 넘습니다.

한 치의 오차도 없습니다.

아차, 7도! 굴러다니는 목장갑을 껴줍니다.

무거운 월요일 아침

어랏?

눈을 한번 비볐습니다.

아침 운동 나온 사람들 표정이 가볍습니다.

급히 멈춰 뉴스검색을 합니다.

오늘부터 야외 마스크 해제!

바로 마스크를 주머니에 욱여 넣습니다.

해방감!

아직 반반입니다.

습관인지 족쇄인지 조심을 더해야 하는지···.

어릴 때부터 쇠사슬에 묶인 코끼리는 어른이 되어도 노끈 하나

끊지 못한다고 합니다.

족쇄가 지독한 습관으로 체화되어 벗어나지 못하는 상황.

코끼리가 아닌, 오늘 한국의 호모사피엔스들은

일탈이 아닌 해방감을 만끽하시길···.

오래 져왔던 한 짐 덜어내 가벼운 월요일

모두 활기차게 아자!

달리기에 대해
가족들의 무관심(?)이 타당한 이유!

돈이 별로 안 듭니다. 팬츠, 러닝셔츠, 러닝화 끝!

시간을 많이 안 씁니다. 아니, 못 씁니다. 힘드니까요.

술 담배를 멀리합니다. 달리려면 어쩔 수 없습니다!

운동 친구가 없습니다. 혼자 해야 하는, 단조롭고 지루한 스포츠거든요.

가족들에게 할 이야기가 없습니다.

왜 하루키의 달리기 책이 얇은지 아시죠? 쓸 말이 없어서입니다.

돈이 펑펑 나가고(골프), 시간 많이 쓰고(스킨 스쿠버), 주말을 통으로

날려버리는(낚시) 등등의 무수한 스포츠는 가족들의 파상공세에 버틸

멘탈이 있어야 하죠.

단, 가족과 같이 하면 괜찮습니다.

달리기는 가정평화에 기여한다

조용히(?) 하는 일입니다.

아침 일찍이라 좀처럼 이웃을 만나는 일이 없습니다.

민폐를 끼치기가 어렵고, 또 방해받지도 않습니다.

묵묵히 수행하기만 합니다.

바로 재활용품 분리수거입니다.

겨울은 추워서, 여름은 냄새나서 기피 대상입니다.

이 힘든(?) 것을 도맡아 하니 이쁨을 받는 게 당연합니다.

당연히 하다 보니 당연한 줄 아는 것이 조금 문제이긴 합니다.

여하튼 아침 러닝을 하지 않으면 일부러 시간을 내야 하는 것이 분명합니다.

달리기 나가는 길에 잠시 들르는 것이라 품이 별로 들지 않습니다.

뜀박질이 가정 평화를 가져옵니다.

푸틴도 아침 러닝을 했더라면 전쟁을 일으키지 않았을 겁니다.

가정 평화를 넘어서 세계 평화를 소망해봅니다.

수신호

나에 대한 존중입니다.

상대방에 대한 배려입니다.

주로는 주로 달림이들만 있는 게 아닙니다.

잔차족들도 주로 달립니다. 쌩쌩~

자칫 서로 험난한 상황을 맞닥뜨리기도 합니다.

심지어는 사고를 부르기도 합니다.

제대로 살피지도 않고, 사람이 안 보인다고,

귀찮아서 수신호를 안 할 때가 종종 있습니다.

습관이 화를 부르기도 하고, 복에 기대기도 합니다.

복이 뭐 별건가요? 평온한 일상을 지키는 거죠.

습관의 수신호, 수신호의 습관화!

참, 걷는 분에게도 예의 바르게! 우린 문화시민이니깐요!

일상은 루틴으로 유지되고
완성됩니다

요 며칠 주지육림에 빠져 운동을 게을리하였더니 몸이 바로 알아챕니다.

하루를 속일 수는 있어도 며칠은 넘길 수 없습니다.

지난주만 하여도 마라톤이 수월했건만,

오늘 10킬로미터 러닝은 매우 힘들었습니다.

공부는 하면 쌓이고 쉬이 사라지지 않지만,

달리기는 며칠만 놓아도 금세 도로아미타불입니다.

다시 신발 끈을 단디 조이고 차곡차곡 매일매일 쌓아서

흐트림이 없어야겠습니다.

일상은 루틴으로 유지되고 완성됩니다!

좋은 하루 보내세요

얼마 전 이사 온 이웃이 있습니다.

이쁜 아가가 있는 젊은 부부입니다.

도시의 삶이 그렇듯이, 지척이지만 데면데면합니다.

마주칠 일도 좀처럼 없지만,

짧은 스쳐감에 겨우 목례의 예만 갖출 뿐이었습니다.

오늘 아침 바깥냥반을 두 번째 엘베에서 단둘이 만났습니다.

어색어색!

저의 달리기 시간과 그분의 출근 때가 비슷한가 봅니다.

서로 목례만 그리고 나서 데면스러움.

제가 용기 내서 말을 걸었습니다.

"일찍 출근하시네요?"

"아~ 회사가 멀어서…."

그리곤 silence!

서둘러 내렸지만 둘이 또 분리수거장으로….

마님의 오더를 저도 그분도 받았나 봅니다.

각자 임무를 수행하고 그분이 총총 떠나며 남긴 말.

"좋은 하루 보내세요."

저는 그 바깥양반 뒤통수에다 뭐라고 했을까요?

"수고하십쇼!"

저보다 키도 크고 잘 생긴 그분을 뵈면 상냥하게 인사를 나눠야겠습니다.

버리는 연습

어떤 분은 300킬로미터라 하시고

또 다른 분은 500~800킬로미터라고 하십니다.

그 이상 신으면 쿠션이 무너지고 부상으로 이어질 수 있다고 하십니다.

저는 한번 사면…

뒤축이 떨어질 때까지 신습니다.

가난이 몸에 배어 멀쩡한(?) 걸 버릴 수가 없습니다.

참 지독합니다.

이젠 운동화 정도는 가끔 갈아줄 능력이 되었는데도 말입니다.

다행히도 아직 젊어서(?)인지 큰 부상은 없었습니다.

나이 듦을 막을 수 없으니, 부상 또한 거부하기 힘들 터.

서서히 멀쩡한 운동화 버리는 연습을 해야겠습니다!

여는 만큼 보입니다

매일 매일 러닝이 다릅니다. 하지만 큰 틀에서 같은 것도 있습니다.

제가 애정해서 자주 달리는 길입니다.

자주 지루합니다.

다름의 아름다움을 보려고 합니다.

며칠전 블친님의 포스팅에서 깨달은 바가 있어서입니다.

같은 길을 수없이 달렸는데 저는 못본 것을

그분은 보고 느낌을 적으셨습니다.

오늘은 눈을 크게 열었습니다.

가슴도 개방했습니다.

안 보이더군요.

여(아)는 만큼 보이고, 보이는 만큼 느낀다는데….

그 경지가 아득하기만 합니다.

욕심 버리기

트레일 런을 할 때 자주 충분히 에너지를 공급하지 않으면,
심박수가 상승하고 호흡은 가빠지며 온몸에 힘이 쭉 빠져 버립니다.
한발도 나아갈 수 없는 지경입니다. 의지는 가라고 하는데,
몸이 말을 듣지 않은 환장하는 상황입니다.

작년 늦가을 영남알프스 5픽대회에 참가했다가 기어서 겨우 완주했습니다.
지난 코로나 전에 뛴 jtbc 마라톤에서도 이런 환경을 맞딱 드렸습니다.
너무 기록 욕심을 냈던 게 원인이었습니다.

초반 킬로미터당 4분 30초~5분 사이를 달렸습니다.
그날 정말 일내는 줄 알았는데, 일이 나버렸습니다.
28킬로미터 지점에서 퍼져버렸습니다.
남은 14킬로미터는 그야말로 지옥(?)이었습니다.
걷뛰걷뛰 하면서 천신만고 끝에 완주를 했습니다.

기록이야 엉망진창이었는데 완주한 게 용했습니다.

어제 배탈로 완벽한 컨디션이 아니라서 살살 뛰었건만
10킬로미터를 넘어서는 지점에서 놈(?)이 찾아왔습니다.
그냥 바로 워킹(홀리데이~)!

욕심을 버리고 슬슬 뛰자고 마음 먹으니
어느새 30킬로미터를 뛰어버렸습니다.
그놈은 살살 달래가며 가야 할 듯합니다.

러닝의 동반자!

고통 총량의 법칙

몇 해 전 일본에 일로 자주 갔었습니다.

코로나도 나오기 한참 전이었습니다.

많은 일본 사람이 마스크를 쓰고 다녔습니다. 궁금했습니다.

마스크를 쓰고 있는 한국인 가이드에게 물어봤습니다.

꽃가루 알러지 때문이라고 합니다.

자기도 증상이 없었는데 최근에 생겼다고 합니다.

일생을 통해 버틸 수 있는 꽃가루 총량이 있는데 얼마 전

그걸 넘어섰다고 합니다. 그러면서 섬나라 일본은 꽃가루 천지라고 합니다.

믿거나 말거나입니다.

인간이 한평생 맞볼 고통의 양은 각각 정해져 있습니다.

양을 채우면 인생이 고통스럽지 않습니다.

사는 게 힘든 사람은 아직 멀었다는 반증입니다.

달리기는 고통을 채우는 수단입니다.

고통을 저축하는 통장입니다. 차곡차곡 쌓다 보면

가끔 엔도르핀이라는 이자도 맛볼 수 있습니다.

달콤합니다.

굳이 남을 괴롭히면서, 남에게 괴로워하며 고통을 모을 필요가 없습니다.

여긴 코르티솔이라는 적자가 함께 쌓입니다.

킹받습니다.

달리기는 저축이 아닌데, 부산물인 고통은 적금입니다.

수시 적금을 자주 들어 놓으면 행복은 그만큼 빨리 다가옵니다.

제 말은 믿으셔야 합니다.

자, 적금 들러 가시죠!

연륜과 내공 그리고 경지

연륜이 쌓이면 내공이 깊어지고 이윽해지면 경지에 이르는 것 같습니다.

동호회원 중 낼모레 70을 바라보는 선배가 계십니다.

이분이 언젠가 서울~부산을 자전거로 24시간 이내 달린 적이 있습니다.

'나도 할 수 있겠구나!'라고 생각했습니다.

작년 말 영남알프스 트레일런 대회에 40여 킬로미터를 죽을 둥 살 둥

달렸습니다. wall이 와서 간신히 시간 내 완주했습니다.

그분은 100킬로미터를 달렸습니다.

완주를 목표로 걷뛰 하셨다고 합니다.

'먹는 것만 제대로 챙기면 나도 완주가 가능하다?!'라고 생각했습니다.

얼마 전 청계산 - 광교산 트레일런을 했습니다.

6시간 하고 30분이 걸렸습니다.

그분과 이야기를 하다 보니 4시간에도 뛰고 5시간에도 뛰었다고 합니다.

아~!

'이분은 다른 경지에 있다!'라고 생각했습니다.

지금의 제가 넘볼 수 없는 지경에 있습니다.

고수의 경지는 제가 헤아리기에는 아득하기만 합니다.

화란 게 있으면
탄천에 버리려 합니다

화가 나면,

가수 아이유는 설거지 청소 같은 일을 힘들게 한다고 합니다.

사업가 켈리 최는 재빨리 화장실에 들어가 거울을 보면서,

좋은 일만 가득한 상황을 떠올리며 마인드 컨트롤을 한답니다.

작가 박해윤은 뜨거운 탕에 있다고 생각하고,

탕에서 나오면 그만이라고 본답니다.

화란 놈은 늘 내게 있습니다.

끊임없이 내가 만들어 내고 있습니다.

어쩔 수 없어요.

화가 잘 도망가지 않고 뭉쳐 있을 때 뛰면 됩니다.

러닝을 준비하다 보면 화가 잔뜩 졸아 있습니다.

뛰기 시작하면,

요실금 마냥 실금실금 흘러내립니다.

풍실금마냥 뿡~뿡 날아가 버립니다.

탄천으로 갑니다.

흐름이 빠른 여울에다가 기진해버린 화를 던져 버립니다.

금세 흩어져 버립니다.

화가 날 때 뛰다 보면 버릴 곳이 천지 빛깔입니다.

꼭 탄천이 아니라도요.

달리기는 인생의 도반

달리기는 도반이기도 하고 바람의 대상이기도 합니다.

그대 이름은 바람~ 바람~ 바람~

매일매일 바랍니다.

두 식경 이상을 만나줘야 합니다.

거리로는 반백리에서 그 절반 조금 너머입니다.

어쩌다 반나절을 넘기면 좋아라 합니다.

백 리를 훌쩍 넘습니다.

저는 지쳐 쓰러질 지경입니다.

한나절을 지나, 하루의 반을 쓰는 날에는 서로 말이 없습니다.

쳐다보기도 싫습니다.

'다시는 만나나 봐라!'며 원수 대하듯 합니다.

하지만 지독한 사랑에 이미 빠져 버렸습니다.

돌이킬 수 없는 관계.

하루를 안 만나면 너무 끔찍합니다.

그래서 매일 만나 지지고 볶습니다.

죽을 때까지 이럴 것 같습니다.

그럼에도 불구하고, 제일 도반은 우리 집 여사님입니다.

제가 저리 바람이 나도 상관 안 합니다.

어쩌다 심하게 바람을 피우고 기진해 들어온 날에는 심드렁하게

한마디 툭 던집니다.

"적당히 해라!"

덜어내니 달리기가 편합니다

막걸리도 반 통만 먹었습니다.

잠도 잘 만큼 잤습니다.

그런데 아침 컨디션이 별로입니다.

도대체 내 몸을 알다가도 모르겠습니다.

무거운 몸을 이끌고 뛰자니 달리기가 고역스럽습니다.

리어카에 짐을 잔뜩 싣고 낑낑거리며 언덕을 올라가는 기분입니다.

음악을 듣습니다. 잔잔 발라드입니다.

몸이 땅으로 파고드는 것 같아 두둠칫 빠른 템포로 장르를 바꿉니다.

조금 나아진 듯하지만 오십 보 백 보입니다.

배가 아픕니다. 중간에 화장실에 들릅니다.

한바탕 때립니다. 한결 나아집니다. 덜어내니 뛸 만합니다.

몸과 마음이 가벼워지는 비우는 삶을 살아야겠습니다.

가을이 된 고향

가을걷이가 끝나갑니다.

고향산천이 만추로 깊어갑니다. 들녘은 겨울 채비를 합니다.

정서가 더해 풍경이 폐부를 포근하게 파고듭니다.

소싯적엔 궁벽한 산골마을을 서둘러 벗어나고 싶었습니다.

세월을 휘휘 돌아 어느덧 중년.

이젠 고향만큼 만만한 곳이 없습니다.

늘 반가이 맞아주는 노모의 무병장수를 빕니다.

이 순간,
가질 수 있는 행복

휴일 게으름을 피웠습니다.

두 시간 남짓 더 누워 있었습니다.

안 뛰면 끔찍한 것을 알기에 주섬주섬 채비를 하고 나섰습니다.

눈이 꽤 옵니다.

제법 설중런이 되지 싶었습니다.

눈 속의 질주!

눈이 눈을 간질이고 눈으로 들어와 눈물과 섞여 눈물이 되어 흐르네요.

뛰다말고 가만히 서서 눈오는 풍경을 눈에 꾹꾹 눌러 담습니다.

억만금을 줘도 못 누릴 사치를 공짜로 즐기고 있습니다.

바로 이 순간 여기 있는 사람이 가질 수 있는 행복입니다.

얼음, 땡!

흐르는 물엔 얼음이 얼지 않습니다.

고인 물만이 얼음을 가질 수 있습니다.

지금은 그렇습니다.

그냥 그렇다고요.

땡이라고요?!

즐거움과 괴로움

어제 술자리는 너무 즐겁고 유쾌했습니다.

그래서 더 달렸습니다.

적당히 끊었어야 하는데 멈출 수가 없었습니다.

그래서 더 괴롭습니다.

간신히 10킬로미터를 마쳤습니다.

작작 좀 하자고 스스로 다잡지만 신뢰할 수 없습니다.

그 상황이 오면 또 달릴 것 같습니다.

그 달리는 걸 줄이고, 이 달리는 걸 늘여야 하거늘.

밀당은 하염없이 이어집니다.

언제까지?

술이 끊어지거나 숨이 끊어지거나….

내면으로 향하는
나만의 온전한 시간

요즘 러너들은 집이나 헬스장 발길이 잦습니다.

추위 때문입니다.

러닝머신의 장점을 찾아봤습니다.

안 춥다. 따뜻하다.

복장이 간편하다. 가볍다.

배설의 기쁨. 조금만 뛰어도 땀퉁이 됨.

좀 더 체계적인, 디지털화된 운동을 할 수 있다.

부상의 위험이 적다.

TV를 보거나 음악을 들을 수 있다. 지루하지 않다.

주위 다른 운동기구에 찝쩍거릴 수 있다.

밖에는 춥고, 빙판이라 뛰다 구를 수 있습니다.

아무리 껴입어도 모든 끝이 시리고 감각이 무뎌집니다.

그럼에도 전 러닝머신보다 탄천입니다.

동지를 앞둔 초승달, 조용한 새벽 풍경, 아침을 맞이하는 탄천의 부스럭거리림, 강물에 반사된 가로등 불빛, 안구를 힐링 시키는 쭉 뻗은 주로, 마음을 편안하게 하는 천변 들녘, 쨍하게 머리를 얼리는 공기, 양볼을 훑고 지나가는 찬 겨울바람, 자박거리는 발걸음 소리, 들숨 날숨 소리, 내면으로 향하는 나만의 온전한 시간….

소소한 일상

오늘은 탄천이 싫어 율동으로 틀었습니다.

탄천이 싫다기보다는 탄천으로 가는 제가 싫은 게 더 맞는 표현입니다.

율동을 올라가다가 동호회 노선배님을 만났습니다.

동반주 5킬로미터

두런두런 이야기를 나누다 보니 러닝은 그냥 따라올 뿐이었습니다.

매일매일 달리는 것이 중요하다는 이야기였습니다.

돌아오는 길에 어제 벤치에 두고 온 장갑이 있나 가 보았습니다.

다이소오이소사이소에서 산 700원짜리 목장갑입니다.

러닝 후 잠깐 벤치에 쉬면서 벗어놓고 챙기지 못한 것이었습니다.

그 자리에 있었습니다. 기분이 좋았습니다.

아침 일상을 한 클릭 틀었더니

소소한 것들이 들어와서 일상을 채우고 있습니다.

작정: 어떻게 하기로 결정함

길을 나서는데, 어르신이 묻습니다.

운동 가냐고?

젊은 사람들은 시작이 가능한데, 늙은 사람들은 작정하기 힘들다고 합니다.

(졸지에 젊은이가 되었습니다. 기분 좋습니다.)

어르신 말씀이 이해가 갑니다.

뭐든 작정하고 행하기 힘듭니다.

저도 작정하고 한발 내딛느라 매일 싸웁니다.

10킬로미터를 작정하고 나왔는데 목울대를 훑는 바람이 시원합니다.

더 뛰자고 급하게 작정합니다.

5킬로미터를 더 뜁니다.

작정하고 더 뛸까 하다가 작정을 그만둡니다.

우리는 매일 작정하고 매일 그만둡니다.

다중이

다중이가 나쁜 걸까요?

원래 Humanbeing은 다중스럽게 태어났습니다. 곱게 표현하면 다양한 자아가 있습니다. 정체성이라고 해도 될 것 같습니다. 달리기하는 나, 가정에서의 나, 형제자매 부모에서의 나, 사회인으로서의 나, 대중 속에서 묻힌 무명의 나 등. 그런 나를 열렬히 사랑하면 문제 될 것이 없습니다.

그중 하나만 지극해도 그 기운이 다른 자아로 건너가 만사가 형통합니다.

하지만 사회적 자아는 뜨거운 사랑이 있다 해도 차가운 이성도 겸비해야 합니다. 그렇지 않으면 사랑이 식었을 때 큰 자멸감에 빠집니다. 사랑 안 하면 제일 좋고요.

저는 달리기와 가족을 추천합니다. 둘 다 사랑입니다. 둘 다 정체성입니다. 둘 다 전부입니다. 다중이가 이상한 건 아닙니다. 자연스러운 겁니다.

사랑으로 충만하면 행복합니다.

몰입의 경지

유튜브 알고리즘은 참 기가 막힙니다.

제가 좋아하는 동영상을 어찌 그리 잘 알고 추천을 할까요?!

요즘은 달리기 동영상을 자주 올려줍니다.

케냐의 준족들이 자주 보입니다.

그들이 뛰는 걸 넋 놓고 보고 있습니다.

시간 가는 줄 모릅니다.

관심 없는 사람에게는 참 지루하기 짝이 없는 콘텐츠일 텐데

저는 몰입의 경지를 시전하고 있습니다.

특히 '엘리우드 킵초게'의 서브 2 장면은 몇 번이고 돌려 봤습니다.

볼 때마다 감동이었습니다. 그러다가 밤샐까 싶어 눈물을 머금고 멈춤 버튼을 눌렀습니다.

좋아하는 걸 좋아하고 즐기다 보면 돈이 나온다는데 사실일까요?

달리기가 술에게 뭐라 하니
슬프네요

술을 좋아합니다.

얘와 한 세대를 넘겼으니 꽤 오랫동안 제 곁에 있었습니다. 아내보다 더….

그런데 10년도 안된 달리기에 밀리기 시작했습니다.

30년 지기의 체면이 후달립니다. 분발해酒!

그제의 과음으로 어제 건너뛰어도 되련만 지나칠 수가 없었습니다.

그래서 간단히 모양새만 취했습니다. 막거얼리 한자안!

달리기와 마찬가지로 매일 취하지 않으면 입에 가시가 돋기 때문입니다.

하지만 발바닥 가시에는 견주지 못하네요. 어쩌다 하루쯤 입 안의 가시는

참을 만합니다만, 매일 달리지 못하면 설 수가 없습니다.

돋아난 가시 때문입니다.

오늘도 새는 날고 물고기는 헤엄치고 저는 달립니다.

그리고 한잔 콜?!

보이는 것이 다가 아니다

밤이 깁니다. 새벽이 더디 찾아옵니다.

요즘 아침 러닝은 가로등 불빛에 기대거나 희끄무레한 여명에 의지해야

합니다. 특히 밤낮의 온도 차이가 깊어 안개가 깔린 오늘 같은 날은

눈이 더 침침해집니다.

저 멀리 여사님이 걸어옵니다. 아니, 가는 겁니다.

전동스쿠터가 속도를 냅니다. 자전거네요.

요란하게 휙 지나가길래 전기자전거인가 했더니, 전문 잔차족입니다.

반려견과 같이 오는 저분이 강쥐를 풀어 놓은 건가요? 고무줄 목줄입니다.

탄천변에 서 있는 건 말뚝인가 돌인가요? 쇠백로의 정지 화면입니다.

하늘 저 멀리 성남공항을 향하는 저 비행기는? 아, 닭둘기? 비둘기네요.

나이 탓인가요? 계절 탓인가요? 눈을 도대체 믿을 수가 없습니다.

보이는 것이 다가 아닙니다. 유령을 봤다는 분들, 정말일까요?

저는 맨날 실존하는 헛것을 봅니다.

200일간의 기록,
2000킬로미터를 달리다!

아내와 연애시절에도 헤아리지 않던 날짜를 세고 있습니다.

정확하진 않지만 1월 20일부터 매일 블로그에 긁적이기 시작했으니

100×2일은 넘었습니다.

하루 평균 10킬로미터 이상을 달렸으니 2000킬로미터는

족하고 남을 겁니다. 서울서 부산을 달려서 두 번 왔다리 갔다리 했네요.

달리는 것은 전부터 죽 해왔으니 그렇다 쳐도, 매일매일 달리기와 관련된

주제로 몇 줄이나마 쓴다는 것이 어렵다는 생각이 듭니다.

꾸역꾸역 해온 것 같습니다.

죽을 때까지 달리기로 작정을 했으니 이건 그냥 달리면 되는데,

매일 글을 쓰는 건 어찌할지 모르겠습니다. 밑천이 다 떨어져 갑니다.

일단 갈 때까지 가보자는 다짐은 합니다.

오늘도
부지런히
뛰었습니다!

끔찍해서
오늘도 달립니다

초판 1쇄 인쇄 2023년 1월 25일
초판 1쇄 발행 2023년 2월 13일

지은이 원윤식
발행인 김우진

발행처 이야기가있는집
등록 2014년 2월 13일 제2013-000365호
주소 서울시 마포구 월드컵북로 402, 16
전화 02-6215-1245 | 팩스 02-6215-1246
전자우편 editor@thestoryhouse.kr

ⓒ 2023 원윤식

ISBN 979-11-86761-04-5 03190